그런 순간들이 모여 오늘을 살아가

나에게 안녕을 건넨다

글_쎙, 김경옥, 바이브온, 새벽, 양현주
오영주, 이지니, 전지적 아아, 황영자

| 그런 순간들이 모여 오늘을 살아가
여는 글

"오늘 하루 안녕하셨나요?"

하루의 끝, 나에게 물었다. '안녕'이라는 말에 고개를 끄덕일 수 있도록 오롯이 나에게 집중하며, 오늘 가장 좋았던 순간을 떠올렸다. 지금 나를 살게 하는 것은 과거가 이어져 온 시간일 수도, 미래를 향한 과정일 수도 있지만, 어쩌면 가장 중요한 것이 '오늘'일지도 모른다. 오래전이 아니라, 먼 미래가 아니라 그냥 '지금' 이 순간 작은 행복들이 모여 하루를 안녕하게 만들고, 그런 순간들이 모여 오늘을 살아가게 한다.

누군가 "어떻게 살고 싶나요?"라고 묻는다면 "지금처럼!"이라고 말할 것이다. 지금의 나와 계속 마주하며, 현재의 나에게만 집중하며, 그저 그렇게 살아갈 것이다.

아무리 힘든 하루라도 웃었던 순간이 반드시 한 번은 있다. 그런 행복한 순간만을 기억하고 싶다. 앞으로 다가올 미래가 불투명하더라도 분명 좋은 순간들이 있을 것이다. 그런 순간들로 내 미래를 만들고 싶다.

"당신의 하루는 안녕하셨나요?"

당신도 우리의 아홉 가지 이야기를 읽으며, 하루의 가장 좋았던 순간을 떠올리면 좋겠다. 그런 순간들이 모여 매일 안녕한 하루이길 바라며, 아홉 번의 안부를 묻는다.

"오늘도 안녕하십니까?"

글_썽, 김경옥, 바이브온, 새벽, 양현주
오영주, 이지니, 전지적 아아, 황영자

그런 순간들이 모여 오늘을 살아가

목차

8 … 무조건 행복해질 것 • 김경옥

24 … 내가 선 자리에서 꽃을 피우다 • 황영자

40 … 탐구일지 (유일한 나 발견하기) • 바이브온

56 … 밤과 아침 사이, 푸른 시간 • 새벽

70 … 어제 한 선택에 책임을 지고 있는 너에게 • 오영주

86 … 지금, 나와 그대를 사랑할 여유 • 이지니

100 … 안녕, 나의 하루에 인사를 건네다 • 양현주

116 … 키를 2도 정도 비튼 조타수 • 전지적 아아

132 … 내일을 만나러 가는 오늘의 나 • 글_썽

무조건 행복해질 것

김경옥

17년 차 아나운서, 11년 차 아내, 9년 차 엄마 그리고 44년 차 딸. 내일 행복하자고 오늘을 희생하고 싶지 않은 어떤 이. [공감낭독자] 공동 저자.

인정! 나를 만든 건 8할이 그대

"아나운서가 되고 싶어요." 엄마에게 말했다. 대학을 졸업하고 쫓기듯 취업한 나는 시원찮은 회사에서 시원찮은 사람이 되고 싶지 않았다. 뭔가 근사한 일을 하고 싶었던 것 같다. 퇴사하고 다시 취업준비생이 된다는 걸 엄마가 허락하실까. 조마조마한 마음으로 술상을 준비해 엄마와 마주 앉았다. "엄마, 회사를 그만두려고요. 아나운서 시험 준비를 해보고 싶어요." 그 순간 내가 엄마의 눈을 봤던가, 방바닥만 쳐다봤던가. 놀란 엄마의 목소리가 들렸다. "어머! 그거 너무 멋지다! 네가 하면 잘하겠다!" 엄마가 '이게 무슨 말도 안 되는 소리냐'라고 할까 봐 긴장했는데, 그 순간 엄마는 잔뜩 쪼그라든 나의 마음에 숨을 불어넣어 주었다.

생각해 보니 엄마는 늘 그랬다. 내가 뭔가를 결정하면 지지를 아끼지 않으셨다. 언니보다 공부를 못해 위축되어 있는 나에게 '너는 날 닮아서 사업가 체질'이라고 하셨고, 내가 되도 않는 '대학원'을 가고 싶다고 했을 때도 "오케이! 해 봐, 넌 잘할 거야."라고 말씀하셨다. 물론 지금 난 사업가가 체질인 사람도 대학원 물을 먹은 사람도 아니지만, 엄마의 응원과 지지를 먹고 살았다는 걸 부정할 수가 없다. 지금의 나를 만든 건, 8할이 엄마. 인정할밖에.

적당한 인간 좀 잘 부탁합니다

 인정하고 싶지 않지만, 끝까지 아닌 척하고 싶지만, 나는 뭐든 적당히 하는 사람이다. 그것이 무엇에서 기인한 것인지 궁금증을 해결하기 위해 한없이 깊이 파고드는 일이 거의 없다. 적당히 궁금증이 해소되면 만족하고 넘어간다. 그렇기에 적당하게 끝낼 수 없는 일은 회피의 대상이 되기 일쑤. 학창 시절, 모의고사 기간에 친구들은 기다란 문제집을 척척 넘겨가며 오답 체크를 하고 있을 때, 나는 내신 관리를 했고, 중간, 기말고사쯤에는 모의고사 문제집을 풀었다. 친구들은 물었다. 지금 그걸 왜 하고 있냐고. 친구들의 의아한 눈빛과 마주할 때마다 난 내가 좀 개성 있는 사람이라서 그런 거라고 생각했다. 심각하게 생각해 본 적이 없었다. 하지만 그건 그냥 도피였을 뿐, 그 이상도 이하도 아니었다. 뭔가를 배우는 걸 좋아해 이것저것 시도하고 시작하지만 그것도 적당한 선까지만. 어떤 일을 끝까지 못 할 것 같으면 그 전에 미리 '내가 그걸 하면 안 되는 이유'를 여러 개 만들어 적당한 선에서 그만두도록 나를 설득한다. 나는 정녕 이런 인간으로 살다 죽어야 하나, 진심으로 한숨이 나올 즈음 그것을 만났다. 바로 낭독. 이 역시 적당히 하고 살포시 끈을 놓겠다고 생각했는데, 본격적으로 낭독을 배우다 보니 이게 무섭게 날 중독 시키는 거다. 8년째다. 낭독의 세계를 파고 또 파고 있다. 낭독 전도사인 양 낭독의 좋은 점을 많은 사람들에게 설파하곤 하는데 그건 차치하고, 나에게 있어서 낭독이 고마운 점은 이거다. 내가 적당한 인간이 아닐 수 있다는 것을 보여준 최초의 무엇이라는 것. 그래서 더욱 놓을 수가 없다. 문득 이런 생각이 든다. 낭독뿐이겠는가, 나를 중독 시키는 것이. 내 인생에서 끝까지 해내고 싶은 무언가가 낭독뿐이겠느냐 말이다. 언제 어디서 내 삶의 방향을 바꿀 무언가를 만날지 알 수가 없다. 이다음에 만나게 되는 것은 무엇일까.

"그게 무엇이든 이 적당한 인간 좀 잘 부탁드리겠습니다."

안 좋은 일만 있으란 법 없다고!

　작년 이맘때, 안녕을 고했다. 5년간 진행하던 라디오 프로그램의 마지막 방송이 2023년 1월 31일이었다. 눈물 한 방울 흘리지 않고 쿨하게 마지막 인사를 하고 싶었으나 감정이 너무 심하게 요동쳤다. 그랬겠지. 16년간 몸담았던 곳이었는데, 그 끝이 싱거울 리 없겠지. 강렬한 이별 뒤에 찾아온 것은 꽤 길게 남은 여운. 그곳은 나의 2,3,40대가 고스란히 묻어있는 곳이었기에 더욱 그랬다. 이제는 이른 시간에 눈을 뜰 이유도, 아침 일찍 차를 끌고 부지런히 이동할 이유도 없었다. 허전했다. 그리고 막막하기도 했다. 늘 고정적으로 들어오던 돈이 안 들어오니 제때 나가야 하는 대출 이자며, 어떻게 해야 하나. 머릿속으로 바쁘게 계산기를 두드리며 '올해는 왜 이렇게 안 좋게 시작하는 걸까' 생각했다. 한 해 동안 계속 이런 식이면 어쩌지, 불길한 생각이 드는 날들이었다.

　그런데 어느 날 아침, 슬며시 행복감이 찾아왔

다. 아니, 찾아온 것이 아니라 원래 있었던 것이 그제야 내 눈에 보인 것이다. 나는 이제 아침마다 곤히 자는 아이를 남겨두고 나오지 않아도 된다. 이른 아침 아이가 잠결에 눈을 떴을 때 가장 먼저 눈길 줄 수 있는 사람이 됐고, 옆에서 따뜻하게 엉덩이를 토닥여 줄 수도 있다, 드디어! 아이의 아침을 온전히 함께 할 수 있다는 것은 나에게도 아이들에게도 행복을 안겨주었다. 아침밥을 먹자 재촉할 수 있는 것도, 조잘거리며 등원 길에 나서는 것도 모두 행복 그 자체였으니.

 모든 일은 그렇다. 안 좋은 면만 잔뜩 들고 찾아오는 것은 아니지. 고개를 살짝 기울여 그 뒤를 보면 좋은 점들이 대롱대롱 매달려 있다는 걸 알게 되었다. 그래, 그럼 이제부터 나는 어떤 일이든 보이는 것만 보지 않을 거다. 옆과 뒤 모두 찬찬히 살펴 어딘가에 매달려 있는 좋은 점을 발견할 테다!

나를 맴도는 발소리

 저벅저벅. 발소리가 들린다. 빠르지 않게 천천히. 느리지만 규칙적인 발소리. 간간이 헛기침 소리도 들린다. 시아버지께서 우리 집 현관을 지나 옥상으로 올라가신다. 그 소리는 내 머리 위로 옮겨 가 달그락, 투둑, 쿵 소리를 내며 이리저리 자리를 옮긴다. 그리고 얼마 후 그 발소리는 헛기침 소리와 나란히 우리 집 현관을 지나 아래층으로 사라진다. 나는 시부모님 머리 꼭대기에 올라앉아 있는 며느리다. 우리 집 바로 아래에 시부모님이 사시니까 본의 아니게 시부모님 머리 꼭대기에 나앉아 버린 셈이다. 사람들은 말한다. 불편하지 않냐고. 시부모님과 함께 사는 게 몹시 대단한 일인 듯 나에게 말한다. 사실 그럴 때마다 시부모님께 여쭙고 싶은 심정이다. 혹시 저희 때문에 불편하지는 않으신지. 사내아이 둘이 마구 뛰어대 층간소음 때문에 힘들진 않으신지. 며느리가 일이 있을 때마다 아이들 돌봐주시는 건 괜찮으신지. 실은 내가 대답을 들어야 하는 입장이다.

얼마 전 어머니의 생신날, 가족들이 돌아가면서 어머니께 드리고 싶은 말을 한마디씩 하게 되었다. 축하의 말을 하면 되는 건데, 거기에 조금씩 속에 있는 얘기를 하다 보니 눈가가 촉촉해지고 콧등이 시큰해지는 순간들이 있었다. 그리고 어느덧 내 차례. 때와 장소를 잘 가리지 못하는 나의 눈물은 제대로 고삐가 풀려 통제가 안 되었다. 나는 단순히 '생신 축하드린다.'는 말만 하고 싶은 게 아니었다. 꼭 하고 싶은 말이 있었다. 그런데 입이 안 떨어지는 거다. 입을 뗀 순간 그게 말의 형태를 띠지 못할 거라는 걸 너무나 잘 알기에 아무 소리도 못 하고 눈물만 뚝뚝 흘렸다. (실제는 동네 창피하게 울어 젖혔으나 내 기억 속에는 아름답게 눈물만 흘렸노라고 왜곡시켜 저장하련다.) 꼭 하고 싶은 말이 있었는데…… 현관 너머 들려오는 부모님의 발소리를 오래도록 듣고 싶다고, 저 소리를 어느 날 못 듣게 될까 봐 겁이 난다고, 부디 오래 들려달라고, 나는 끝내 말씀드리지 못했다.

꿈과 나란히 길을 거닐며

"나는 말이야, 자상한 남편을 만나고 싶어." 언제부터였더라. 중학생 때부터였을까, 아니면 그보다 훨씬 전부터였을까. 친구들은 미래에 되고 싶은 무언가를 꿈꿀 때 나는 내 곁에 두고 싶은 누군가를 꿈꿨다. 나의 유년 시절은 몹시 암울했다. 다툼이 잦은 부모님의 위태로운 관계로 인해 나는 늘 외줄타기를 하듯 불안정한 나날을 보냈다. 그 시절 나는 이 세상에서 나만큼 불행한 아이가 있을까 생각하며 살았던 것 같다. 그래서 그런 꿈이 생긴 거다. 자상하고 따뜻한 남편을 만나는 것. 부부가 서로 할퀴기 시작하면 가족에게 얼마나 큰 생채기를 남기는지 너무나 잘 알기에 나는 반드시 좋은 남편을 만나리라 다짐했었다. 그와 함께 안락한 나의 가정을 이루고 싶었다. 그 꿈은 나의 그 어떤 바람보다 앞자리를 차지하며 나를 이끌었다. 그렇게 나는 어른이 되었고 나의 꿈을 만났다.

 바람이 선선하게 부는 어느 날, 오랜만에 그와

단둘이 길을 거닐었다. 한 손은 그의 손을 꼭 잡고 다른 한 손에는 커피 한 잔을 들고 종알거리며 한참을 걸었다. 코끝에 스치는 바람은 향긋했고 그의 손은 언제나처럼 따뜻했다. 그럴 때 나는 가끔 중학생의 나를 떠올린다. 여물지 않은 그때의 나를 토닥이며 네가 꿈꾸던 것이 바로 이것이었냐고 묻고 싶어진다.

내 하루의 시작과 끝

 아침에 일어나자마자 주방으로 가 아이 먹일 유산균 스틱 하나와 따뜻한 물 한 컵을 준비한다. 물은 마시기 싫다는 아이에게 아침에 물 한 잔이 얼마나 좋은지 설파하고, 물 잔을 드는 아이를 흐뭇하게 바라보며 주방으로 다시 온다. 나의 엄마가 나에게 사다 주신 약쑥 즙을 마시기 위해. 엄마도 그랬지. 이게 몸에 얼마나 좋은지 아냐고. 빼먹지 말고 꼭 마셔야 한다고. 엄마는 각자 제 새끼 챙기기 바쁘다.

 잠자리에 누워 9살 아들이 물었다. "아빠가 첫사랑이에요?" 나는 '품'하고 웃으며 "대답하지 않겠습니다~"라고 말했다. 아들은 흥미롭다는 듯 또 물었다. 나는 순간 대학 시절로 날아가 인정하고 싶지는 않지만 어쨌든 나의 첫 연애 상대였던 누군가를 떠올렸다. 그리고 아들에게 첫사랑과 두 번째 사랑인 아빠와의 연애 이야기 그리고 썸 탔던 사람들 얘기까지 죄다 들려주었다. 둘이 키득거리며 헤죽거리며.

어느 날은 아이가 물었다. 엄마는 지금의 엄마로 안 태어났으면 무엇으로 태어나고 싶으냐고. 한참을 생각하다 마음에 드는 답이 떠오르지 않아 아이에게 되물었다. "너는? 너는 너로 안 태어났으면 무엇으로 태어나고 싶은데?" 아이의 생각이 몹시 궁금했다. 무엇으로 태어나고 싶을까, 그 이유가 뭔지도 꼭 물어봐야지 했는데, 아이가 단숨에 답해버린다.
"난 무조건 엄마 아들!"
 숨 막히게 설레는 밤이 지나고 있었다.

무조건 행복해질 것

 살다 보면 별일을 다 겪는다. 그리고 또 살다 보면, 별일도 아닌데 바닥 저 아래까지 추락하는 나를 발견하기도 한다. '이렇게 사는 게 맞는 건가.' 잘못 살아도 한참을 잘못 살고 있는 것 같은 느낌에 괴로워지는 날, 있지 않은가. 가끔은 누군가의 SNS 때문에 내가 하찮은 존재처럼 느껴지기도 하고, 한심해지기도 하는 그런 날. 스스로를 다그치며 마음에 상처를 남기는 일을 반복하는 그런 날 말이다. 머리로는 안다. 다 쓸데없는 고민이라는 거. 오늘이 지나면 언제 그랬냐는 듯 또 나아질 거라는 거. 하지만 그 순간에는 그게 날 너무 우울하게 만든다. 근데 그럴 때마다 나를 심연에서 끌어올리는 무기가 있다. 너무 속상한 날에, 우울해지고 힘들어지는 날에 나는 이 말을 떠올린다. '그래도 나의 아이들이 건강한걸!' 아무리 힘든 일이 있어도, '봐봐, 우리 아이들이 건강하잖아.' 우울감에 휩싸여 정신 못 차릴 때도 '괜찮아, 우리 아이들이 건강한걸.' 그러면 이내 나는 정말 괜찮아진다. 그리고 아주

많은 것들이 제자리를 찾는다. '우리 아이들이 건강하잖아.'라고 생각하는 순간 그 외에 다른 것들은 욕심이 되어버린다. 나의 성공도 타인의 인정도, 아이들의 성적 따위나 돈도 모두. 그렇지 않은가. 무슨 걱정인가. 몸도 마음도 건강한 아이들이 저리도 사랑스럽게 날 바라봐 주는걸. 이리도 따스하게 내 품에 안기는걸. 더 무엇이 필요한가.

 아이와 누워 이야기를 나누던 어느 깊은 밤, 내가 말했다. "너는 앞으로 '어떻게 하면 더 행복할 수 있을까'만 고민해. 성적 고민 같은 거 하지 말고, 어떻게 하면 더 재밌게 살 수 있을까, 어떻게 하면 더 행복하게 살 수 있을까만 고민해." 아들이 고개를 끄덕였다. 사실 그건 나에게 하는 말이기도 했다. 내가 행복해야 우리 가족이 행복할 수 있다. 그건 나뿐 아니라 모두에게 해당될 터. 그렇기에 각별히 행복해지기 위해 애써야 한다. 사명감을 갖고 말이다. 나를 홀대하거나 내버려두지 않아야 한다. 내가 외롭지 않게 잘 돌봐야 하고, 몸의 상처를 찾아내듯 마음의 상처도 들여다봐 줘야 한다. 남에게만 그러지 말고 자신에게 늘 성심성의껏 반응해야 한다. 내가 행복해야 나의 아이가, 나의 가족이 행복할 수 있을 테니까.

 행복을 향해 가는 걸음이 자연스럽기를 바란다. 무언가를 얻기 위해 아등바등하지 않고 뺏기지 않기 위해 혈안이 되지 않는. 오는 것과 가는 것, 스치는 것을 그대로 두고 볼 수 있는 그런 자연스러운 태도로 행복해지고 싶다. 조바심 내지 않고, 넉넉하고 여유 있게. 그리고 그 사이사이마다 소소한 재미가 있으면 좋겠지.

내가 선 자리에서 꽃을 피우다

황영자

시인과 수필가의 문장들을 사랑한다. 따뜻하고 담백한 시선이 시와 산문에 투영되는 글을 쓰고 싶어 한다.

삶은 덕질의 연속

 어릴 적 부모님은 뭐가 되고 싶은지 묻지를 않았다. 꿈을 적는 공간엔 늘 텅 빈 마음뿐이었다. 하고 싶은 일보다 해야 할 일이 먼저였다. 학교 갔다 오면 논밭으로 달려가야 했고, 소먹이러 들로 산으로 다녀야 했다. 그 시절 시골의 삶은 그랬다. 이상을 꿈꾸기보다 현실을 살아내기에 급급했다. 그런 시골에서 내게 유일한 세상과의 소통은 라디오였다. 아랫목에 엎드려 '별이 빛나는 밤에'를 듣던 시간은 시골 밤하늘에 무수히 박혀있던 별들과 조우하는 시간이었다.

 늦은 밤 라디오에서 흘러나오는 노래 가사를 받아쓰기하듯 적어 내려간 시간은 감수성이 발아하는 씨앗을 품게 했고, 시를 들려주던 한낮의 국어 수업 시간은 바다를 본 적 없는 시골 소녀의 가슴에 파도를 숨어들게 만들었다. 선생님의 나직한 목소리, 그윽한 눈빛, 허공을 그리는 손짓, 이것이 위험한 아름다움인지도 모른 채, 국어 선생님 아니 시에 대한 흠모는 물빛에 반짝이는 윤슬처럼 가슴에 박히고 있었다. 세상 모든 노래 한 구절 한 구절이 시처럼 아름답던 여고 시절, 아마도 그때가 덕질의 시작이었나보다.

#뮤지컬 입문기

 서울 사람들 틈에 순박함은 득이 되지 않았다. 세련된 억양은 포기. 삶의 뿌리는 쉽게 뽑힐 리가 없고 무던히 서울 사람인 양 흉내도 내어봤지만, 그들에겐 낯선 이방인이었다. 촌스러움과 무지함을 가면 뒤에 숨기고 세상과 소통하는 방법을 찾으려 했다. 라디오를 들으며 흥얼거리던 노래, 용기 내어 친구들 앞에서 불러본 노래, 시처럼 다가온 노랫말, 음악이었다. 그렇게 노래와 춤이 있는 뮤지컬은 나의 내면의 양식을 채워주는 곳간이 되어주었다. 좋아하는 배우가 생기면 그 배우가 나오는 작품을 찾아다니고 넘버를 부르며 허기진 갈증을 해소하기도 했다.

 그러다 세종문화회관 소극장에서 바이올리니스트 니콜로 파가니니를 소재로 한 뮤지컬 <파가니니>를 보게 되었다. 파가니니 역을 맡은 KoN의 신들린 듯한 바이올린 실연에 그동안 봐왔던 뮤지컬과는 다른 새로운 멋에 빠져들었다. 가사가 있는 것만 음악이라 생각한 내게 그날의 바이올린 소리는 세상의 부대낌에 애써 이기려 하지 말고 가면을 내려놓으라는 위로의 말을 건네는 듯했다.

#꼬꼬무 덕질

뮤지컬 파가니니를 본 이후 유튜브로 클래식을 찾아 듣기 시작했다. 피아노와 바이올린 위주의 연주곡이었지만 하나의 악기에서 그렇게 다양한 소리가 나올 수 있는지 신기했다. 음악가에 대해서도 곡에 대해서도 자세히 알지 못하지만 가사 없이 전달되는 소리의 높낮이, 음의 깊이, 연주자의 표정과 손가락으로 전달되는 감정 표현에서 눈물을 흘린 적도 있었다.

2019년 6월, 예술의전당 콘서트홀에서 생애 처음으로 선우예권 피아노 리사이틀 공연을 보게 됐다. 객석 조명이 꺼지고 연주자와 피아노만 빛을 받아 반짝이는 무대, 관객들의 미세한 움직임과 간간이 들려오는 기침 소리, 피아니스트의 몸짓에 따라 울림이 다른 피아노 소리와 여운, 연주가 끝나고도 모든 숨이 멈춘 듯한 찰나의 고요함마저 음악으로 느껴지는 이 공간이 신비로웠다. 클래식을 잘 모르지만 이런 분위기에 젖을 수 있다면 어디든 달려가고 싶었다.

그리고 그해 9월 통영국제음악당에서 열린 피아니스트 조성진의 공연은 클래식 덕질에 기폭제 역할을 했다. 태풍이 올라온다는 일기예보도 있었지만, 콩깍지에 씐 열정은 날씨도 거리도 문제가 되지 않았다. 더구나 통영국제음악당은 클래식 전문 공연장으로 국내 최고 음향을 자랑하는 곳이기에 더 가보고 싶었다. 그날 들었던 '모차르트 피아노 협주곡 20번'과 '쇼팽 피아노 협주곡 1번'은 클래식 연주에 있어 오케스트라의 존재가 얼마나 든든한 협력자인지 체감한 공연이었다. 오케스트라와의 협주곡은 감독과 주연배우와 조연들이 합을 맞춰 기승전결이 잘 갖춰진 한 편의 영화를 관객들에게 선사하는 느낌을 받았다.

처음 들어보는 앵콜곡에 가슴이 콩닥거리고, 그 곡을 쓴 작곡가의 다른 작품을 찾아 듣고, 라이브를 듣기 위해 또 공연장을 찾아가는 등 꼬리에 꼬리를 무는 덕질 순환에 빠지는 게 클래식의 매력이다.

#첫사랑 아이돌, 뉴이스트

클래식에 빠지기 2년 전인 2017년, 우연히 음악 오디션 프로그램을 통해 아이돌 덕질이 시작

되었다. 이미 데뷔를 한 친구들이었지만, 앞날에 대한 불확신으로 또다시 어린 친구들과 경쟁하는 그들의 용기를 응원하고 싶었다. 아들과 비슷한 또래의 그들에게 엄마 마음이 되어 응원하고자 팬클럽까지 가입하였다. '러브'로 불리는 팬덤명을 자랑스러워하며 콘서트는 물론 지방 행사까지 찾아다니는 열정을 보이고, 5인조 보이그룹이라 최애 카드 몇 장 더 갖겠다고 앨범은 또 얼마나 샀는지. 스트리밍이라는 것도 처음 해보고 멤버들의 생일을 축하해주는 카페도 다니며 젊은이들 못지않은 중년의 덕질을 누렸다.

 누군가는 말했다. 덕질하기 위해 회사를 다니고 돈을 번다고 말이다. 내게는 아직 '뉴이스트 통장'이 있다. 앨범이 나올 때마다, 음악 프로그램에서 1위를 할 때마다, 매년 데뷔일을 기념할 때마다, 멤버들의 생일이 있을 때마다 31,500원씩(뉴이스트 데뷔 날짜가 2012년 3월 15일이라서) 저축을 했다. 이런 소소한 즐거움을 주는 그들로 인해 삶의 질이 달라지고 지쳐있던 몸과 마음에 위로를 받는다면, 얼마의 돈이 들어가건 낭비가 아니고 나를 위한 투자인 셈이다.

 여전히 방안 장식장 하나가 그들의 앨범과 응원봉, 포스터 등 각종 굿즈들로 가득하다. 나의 덕질 역사를 기록하고 있어 뿌듯하면서도 마음이 뭉클하다. 데뷔 10년 만에 그룹이 해체돼 지금은 각자의 길을 걸어가고 있지만, 언젠가 그들이 따뜻한 봄날에 다시 모여 팬들 곁에 와주길 바라며, 마지막 앨범 타이틀곡 〈다시, 봄〉을 들어본다.

가족의 의미

#그리운 이름, 아버지 어머니

20대 후반 직장과 결혼의 딜레마에 빠져 있을 때 아버지 폐암 소식이 전해왔다. 시골 보건소에서 결핵이라고 진단받은 게 화근이었다. 몸이 아프다고 바로 병원에 가시는 부모님이 얼마나 계실까. 차일피일 미루면서 시간이 약이라며 버틴 시간이 오히려 아버지 병을 더 키우게 됐다. 자식들이 있는 곳에서 간호를 받으며 치료하는 게 낫겠다는 의사의 말에 아버지는 서울에 있는 병원에 입원하셨다. 이미 체력과 나이가 수술을 받아들이기 힘든 상태라 항암치료에 의존해야 한다는 소견이 나왔다.

가족 중 누군가 환자가 생기면, 그것도 말기 암 환자가 있다면 사실 집안은 초상집 분위기이다. 농사짓는 부모님이 의지할 곳은 자식들뿐. 다행히 자식 농사는 많이 지으셨다. 아들 셋 딸 셋, 사이좋게 육 남매를 골고루 잘 키우셨다. 하지만 각자 가정이 있고 자기 자리를 잡기 위해 바쁜 형제들이어서 아버지를 간호할 사람은 나밖에 없어 보였다. '왜 하필 나일까' 하는 생각은 사치였을 만큼 급박한 상황이었기에 미래를 꿈꾸기보다 현실을 마주하기로 했다.

  결국 회사를 그만두고 아버지 간호에 매진했지만, 대한민국 사망률 1위 암이라는 죽음의 공포는 우리 가족도 예외는 아니었다. 그나마 다행스러운 건 병원에서 얘기한 3개월을 훌쩍 넘겨 일 년 이상 우리 곁에 머물러 주었다. 촛불처럼 위태로운 삶이었지만 한평생 농사꾼의 아들로 함께했던 아버지는, 시골의 흙과 바람과 햇살을 만져보고 눈을 감으셨다.

  엄마는 명절만 되면 목이 빠지게 자식들을 기다리신다. 물론 아버지 기일이나 집안 제사가 있을 때 오빠나 남동생이 내려가지만 아무래도 명절에 온 식구가 다 모이는 건 다를 것이다. 배우자를 먼저 보낸 삶을 온전히 이해하긴 어렵다. 남편 없이 보낸 수많은 밤이 얼마나 적적했을지 가늠조차 어렵다. 엄마는 자식들이 오는 날이면 밤샘을 원하신다. 이불을 덮고 자식들과 도란도란 얘기를 나누는 것이 아니라 마을회관에서 배운 화투 실력을 뽐내려 하신다. 그 연세에 무슨 기력이 남았는지 광도 팔고 청단과 홍단도 까먹지 않고 잘도 계산하신다.

 우리 집은 엄마를 위해 사위도 며느리도 화투 조기교육을 받아야 했다. 남편도 결혼 후 처가 방문에 낯설어하던 밤 풍경을 나중엔 즐기기 시작했고, 올케도 속으론 이 어이없는 시가의 풍습(?)을 비웃었는지 모르지만, 시골에 오는 날이면 엄마 옆에서 곰살맞게 맞고를 외쳐줬다.

 무릎이 저려오고 눈꺼풀이 내려와도 고! 스톱!을 외치던 그때가 그립다. 이제는 기다리며 반겨줄 엄마가 없으니 밤늦도록 고스톱을 외칠 형제들이 모이지 않는다. 낮보다 밤이 길어 외롭고 무력했을 시간들, 자식들이 와야만 당신의 고단함이 승화되던 그 시간들은 이제 없다. 지금은 하늘에서 아버지를 만나 민화투라도 치며 우리를 보고 계시는지.

#느거 남편 뭐하시노!

 글쓰기 밴드에 가입하고 매일 글을 쓰고 확인하느라 핸드폰을 보는 일이 잦았다. 어느날 남편이 내게 자기 얘기도 써줄 수 있냐고 물었다. "당연하지!" 대답은 했지만 무슨 글을 써야 하나 고민했다. 누구는 남편이 빌런이라 소설 한 권 분량이 나온다는데, 내겐 평범하고 소탈한 남편이라 그런 극적인 요소는 없다. 그렇다고 최수종처럼 오로지 아내만을 바라보는 사랑꾼도 아니라서 참 난감하다. 내가 취미에 덕질하듯 남편은 일 덕후이다. 정말로 일을 좋아하고 사랑한다. 뭐든 일이라 생각하고 하면 재미있고 쉽단다. 인테리어 일을 하다 보니 성실함과 꼼꼼함이 몸에 밴 것도 있지만 기계설비, 전기 등 맥가이버처럼 못 하는 게 없다. 팔불출이라 해도 어쩔 수 없다. 전문가답게 어려운 것도 깔끔하게 척척 해내는 남편이 자랑스러운 건 사실이다.

거친 일을 하는 손과 다르게 남편은 마음이 섬세한 편이다. 그래서 식물을 좋아하고 잘 키운다. 나는 들여온 식물도 죽여서 내보내기 일쑤데, 남편은 식물의 마음을 읽어내는 특별함이 있는지 시들어가던 식물도 살려내는 수(樹)의사다. 지금의 아파트 1층으로 이사 온 지는 15년 정도 됐다. 그땐 아이들이 어려서 층간소음 스트레스에 벗어나고자 하는 이유도 있었지만, 1층 베란다 뒷마당이 마음에 들어서 이곳을 선택하기도 했다.

농촌 출신인 나와 달리 남편은 도시에서 자라

시골 텃밭에 대한 환상이나 자연에 대한 동경을 갖고 있었기에 아파트의 휑한 마당 한쪽을 다듬기 시작했다. 돌멩이를 골라내고 잔디도 심고 꽃과 나무를 심었다. 다년생과 단년생 꽃들을 심으면서 식물의 생육을 관찰하고, 햇빛이 머무는 시간이 짧은 동향이라 비교적 응달에도 잘 자라는 옥잠화, 맥문동, 돌단풍 등을 심기도 했다. 지금까지 수선화, 백합을 비롯해 모란, 작약, 수국, 붓꽃, 장미, 국화, 상사화, 단풍나무, 사철나무 등 30여 종이 넘는 식물을 심었다.

 잡초를 뽑아주고 이름표를 달아주고 받침대를 세워주는 등 남편의 세심한 손길 덕분에 정원에는 계절마다 다양한 꽃들이 피어난다. 햇살과 바람과 새들의 쉼터가 되고 반려견의 산책 코스가 되고 길냥이들이 낮잠을 자는, 이 특별한 공간을 좋아한다. 곧 봄이 오면 수줍게 고개 숙여 피어날 노란 수선화가 기다려진다.

나를 돌아보다

 자식이 성인이 되었다 해서 걱정과 불안의 무게가 사라지는 건 아니지만, 아이들이 어렸을 땐 하루에 열두 번도 더 마음의 날씨 변화를 겪어야만 했다. 맑은 하늘에 갑자기 소낙비가 내려 우산도 없이 흠뻑 젖어야 했고, 태풍이 오려나 싶어 마음을 무장시키면 약 올리듯 평온을 선물하는 아이들. 두 살 터울의 아들 둘을 키우는 마음은 늘 긴장의 연속이었다. 그때는 그런 삶이 힘겨워 빨리 그 시간이 지나가길 바랐는데, 오랜 시간 묵은지처럼 발효의 시간을 보내다 보니 레시피도 없이 서툴게 갓 담아내던 그때의 복잡미묘한 맛이 아주 가끔 그리울 때가 있다.

 서로 연관성이라곤 일도 없는 직업을 거치면서 20대를 보냈다. 젊었을 땐 왜 그리 남의 떡이 커 보였던 걸까. 멋있다고 여겨지는 직업을 찾아 고민하고 나를 닦달하며 보낸 시간들은 나를 성장시켰을까. 의미 없는 고통은 없다고 했으니 그런 순간들이 모여 현재의 나를 지탱해 주고 있는 거겠지. 결혼과 함께 무뎌진 사회에 대한 욕구불만이 다시 기지개를 켰고, 또다시 나를 들볶는 체험 삶의 현장으로 뛰어들었지만, 야속하게도 건강상 이유로 퇴사한 지 1주년이 되었다. 뭐라도 기념해야 할 것 같은 기분이지만 현실은 다시 돌아온 전업주부의 세계. "몸이 아픈 게 죄는 아니잖아!"를 외쳐보지만, 사실은 허무하고 허전하다.

 회사를 그만두고 나니 대인관계가 좁아진다. 익숙한 공간도 익숙한 사람도 낯설어만 간다. 직장인의 염료가 남아있기를 바라지만 서서히 물이 빠져나가고 있음을 실감한다. 이제는 누가 "무슨 일 하세요?"라고 물으면 당당함은 슬그머니 호주머니 속으로 숨는다. 움츠린 어깨 사이로 삐져나오는 목소리는 마음의 벽만이 아니라 세상과의 소통에도 날이 서고 있음을 느낀다. 직업이 없다고 할 일이 없는 건 아니다. 전업주부도 회사원 못지않게 바쁘다. 다만 수입이 생기지 않는 일이다 보니 가끔은 위축되고 소심해진 나를 마주할 때가 있다. 하지만 이 모습 또한 나이기에 나를 인정하고 더 사랑할 수밖에.

일상에서 행복 찾기

 예전엔 성실함이 실력이지 싶어 마음에 여유를 부릴만한 빈방을 허락하지 않았다. 내가 쉴 곳도 남이 들어올 공간도 없다 보니 사막에 부는 메마른 모래바람 같았다. 퍼석해진 몸에 윤활유가 생긴 건 음악과 사랑에 빠지고 그림을 가까이하면서부터다. 모두 첫사랑만큼 강렬해서 여전히 설레고 두근거림이 있는 연애 기간을 보내고 있다. 그들과는 썸을 타지 않는다. 밀당이 필요 없는 적극적인 애정을 표현한다. 예고 없이 무작정 만나러 가도 상대는 핀잔주지 않고 두 팔 벌려 나를 안아주고 토닥여 준다. 그렇게 일상에서 행복을 찾는 법을 알았다.

 특정 분야의 덕질 경험치가 쌓이니 일상생활도 덕질의 시선으로 바라보게 된다. 좋아하는 노래, 보고 싶은 드라마, 관심 있는 작가가 생기면 한동안 그것에 몰입한다. 뭔가를 설레면서 갈망한다는 건 긍정의 에너지가 있다는 신호다. 매일 글쓰기 습관은 이제 1년 차 새싹 단계지만 가장 오랫동안 매달리고 싶은 덕질이기도 하다. 소리 없는 아우성이 아니라 나의 좌표가 찍히는 글을 쓰고 있다는 게 행복하다. 하루의 시작과 끝에 항상 글쓰기와 책 읽기가 놓여있기를 바랄 뿐이다.

 늘 그 자리에 있을 것처럼 보이는 강산도 빠르게 변화는 시대에 살고 있다. 그러니 우리의 일상은 얼마나 자주 바뀌겠는가. 우리는 각자 서 있는 곳이 나의 무대이다. 누군가에게 보여지는 삶이 아니라 내가 만족하는 삶을 살아가는 게 중요하다. 너무 먼 미래의 꿈을 좇다 자신을 잃어버리는 것보다 일상에서 행복을 찾아 나를 돌보는 연습이 필요하다. 좋아하는 것을 더 열렬히 좋아하고, 잘하는 것에 더욱 진심을 담아보자.

 임상아의 노래 <뮤지컬> 가사 중 '내 삶의 주인은 바로 나, 아무도 내 삶을 대신 살아주지 않는' 것처럼, 누가 나를 꽃피우게 하지 않는다. 내가 선 자리에서 그 어떤 꽃이라도 피울 수 있게 나 스스로 빛이 되고 바람이 되어 보자.

탐구일지 (유일한 나 발견하기)

바이브온
이면을 볼 줄 아는 고운 시선을 가진 사람이 되고 싶다.

탐구대상 : 나

 내 발을 이렇게나 찬찬히 만지고 살펴본 적이 있었던가. 사계절 양말을 꼭 챙겨 신다 보니 맨발이 낯설고 헐벗은 것처럼 부끄럽기까지 하다. 쫙 벌어진 짧은 발가락은 보는 사람마다 "무좀은 안 걸리겠네." 했었다. 네 번째 발톱이 가장 예쁘게 생겼고 선천적으로 새끼발톱이 두 개로 갈라져 있어 양말 신을 때 종종 신경 써줘야 한다. 제법 보드랍고 따뜻하다. 화장도 최소한으로 하고 머리도 질끈 묶고 다니다 보니 거울을 들여다보는 시간이 적다. 그나마 최근 홈 케어 기기를 들이면서 격일로 내 얼굴을 자세히 들여다보게 됐다. 확실히 생기도 없고 주름도 모공도 기미도 괜히 더 보여서 잠시 속상한 마음이지만 자연스럽게 나이 들어가는 거라 빠르게 인정하면서 괜히 더 열심히 홈 케어 기기를 얼굴에 밀착시켜 본다. 남은 날 중 지금이 가장 예쁠 때다! 한 번 과하게 씩 웃어본다.

 나는 123년 된 멋진 전통 한옥의 주인장이다.

탐구일지 (유일한 나 발견하기)

'젊은데 왜 시골로 가?', '한옥 불편하지 않아?', '그런 집에서 살 수 있어?' 작년부터 꾸준히 듣는 이야기인데 이 질문을 통해 내가 정한 삶의 방향성, 내가 가치를 두는 것들에 대한 궁금증을 해결하거나 본인과 다른 삶을 인정해 보기 위한 질문이 아니었기에 많이 속상했다. 그저 한옥처럼 내 삶 여기저기 세월을 묻히며 화려하지 않지만 밀도감 있는 묵직한 존재감을 갖고 싶을 뿐이다. 이런 나를 있는 그대로 존중해 줬던 사람들에 대한 감사한 마음에 언제든 그들에게 '쉼'을 줄 수 있는 존재였으면 좋겠다는 바람을 하나 더 가져본다.

딱히 직업이라 할만한 것도 없고 대단한 커리어도 없지만 다행히 그것이 살아가는 데 걸림돌이 되거나 마음이 어렵지는 않았다. 매 순간 지금처럼 역할이라 할만한 것이 많았고 작게나마 내가 충실히 해낸 역할들이 기초가 되는 일들을 계속 이어왔기 때문이다. 더 다행인 건 실패할까 걱정돼서 새로운 경험과 도전을 피하지 않았고 해보고 싶은 건 일단 몸으로 부딪치고 배우며 매 순간 최선을 다했다는 점이다. 무식하지만 정직한 용감함이었다. 지금까지 내가 한 선택의 대부분이 그랬다. 결과가 좋지 않다고 해서 실패라 할 수 있을까. 수많은 과정들을 통해 매번 성장했고 다양한 경험치를 얻었다. 결과만 바라보기보다 살아가는 동안 해야 하는 끝없는 선택에 대한 분별력을 얻고 싶다. 대단한 커리어가 없는 나에게도 즐겁게 오랫동안 자발적으로 붙잡고 있는 일은 딱 한 가지 있다. 바로 '커피'다. 24시 매장에서 18시간 근무하며 최저임금도 못 받고 커피를 배웠고, 진상 손님에게 뺨 맞고, 현실 문제로 도피한 적도 있었다. 그럼에도 불구하고 퇴근길 나에게 묻어 나오는 커피향, 맛있었다는 따뜻한 한마디, 내가 내린 커피를 사이에 두고 웃는 장면들이 말로 설명할 수 없는 벅찬 행복을 안겨 준다. 다시 업으로 커피를 할 수 있을지는 모르겠지만 그럴 수 없다고 해도 지금처럼 집에서 나만의 커피를 내어주는 홈바리스타로 20년, 30년, 평생 이 행복을 지켜내고 싶다. 커피라는 꿈으로 나는 초인의 힘을 얻으며 살아왔고 매 순간 최선을 다해 살아왔지만 지금의 삶이 내가 원하는 삶이었는지는 명확하게 답하기는 사실 많이 어렵다. 그런 것 같기도 하고 아닌 것 같기도 하고 하루에도 몇 번씩 마음이 변덕을 부리니 굳이 따지자면 아직은 아니라고 답해야겠다. 지금 당장 명확하게 답할 수 있는 건 내가 원하는 삶을 향해 잘 나아가고 있고 포기하지 않고 꿈의 퍼즐 판을 잘 채워나가고 있다는 것이다. 꿈을 이뤄내기 위해 노력하고 고민하고 때론 실패하고 상처받는 모든 과정들이 고유한 조각이 되어 '나'라는 비어있는 퍼즐 판을 채우고 있다. 드문드문 채워지는 퍼즐 조각들이 흐릿하게나마 어떠한 모양을 그려낼 때마다 '나'에 대해 조금씩 알게 되면서 그때부터는 퍼즐 판을 완벽하게 채워내는 것보다 때에 맞는 필요한 조각을 찾아내는 데 집중하게 되었다. 23년도 나에게 필요했던 조각은 '온전한 나'였던 걸까?

 작년 일기장을 꺼냈다. 23년 1월 19일 '기록은 어떤 의미인가'에 대한 고민이 끝난 시점이었나 보다. 평일에는 일하고 주말에는 시골집을 보러 다니느라 심신이 지쳐있었고 어른이 된 이후로 기록이라는 것을 막 시작한 터라 대체로 일기가 짧고 특정된 주제나 개성이 없이 그날의 날씨나 시간대별로 일상을 나열한 정도였다. 사실 조금 아니 정말 많이 부끄럽지만 그 이상으로 그때의 내가 대견하다. 살면서 이토록 자연스럽게 스스로를 객관적으로 바라볼 수 있는 시간이 있을까? 어쩌면 끝까지 없을지도 모르겠다는 생각에 처음으로 2023년을 꽉 채워 일기를 적었다. 첫날의 기록보다 마지막 날의 기록이 더 솔직했고 더 압축적으로 일상과 감정을 표현했다. 이런 작은 실천들이 없었다면 나는 스스로를 제대로 알 수 없었을 것이다. 꾸준히 기록하는 행위는 결국 나를 객관적으로 바라보는 방법이라는 걸 깨닫기까지 훨씬 더 오래 걸렸을 테다. 아니 어쩌면 깨닫지 못했을 수도 있겠다. 1년 동안 기록이라는 것을 통해 관찰된 나는 단편적이지만 대략 이렇다. 한 곡만 질리도록 듣는 편이고 멜로디보다 가사에 매료된다. 붙임성이 좋은 성격이면서 동시에 내향적이고 넓은 범위의 다양한 사람들과의 관계를 맺고 유지하면서 동시에 온전히 혼자가 되는 순간을 계속 찾고 있다. 사람을 좋아하고 의존적이면서 동시에 귀찮아하고 독립적이며 여기저기 다니기 좋아함과 동시에 아무것도 안 하고 볕 잘 드는 마루에 누워있기를 좋아한다. 이렇게 꾸준히 쓴 일기는 '나'라는 대상을 관찰하고 정리한 하나뿐인 탐구 일지가 되었다.

탐구대상 : H

 102동 703호 인터폰에 촛불 켜진 생일 케이크를 들고 있던 모습, 서울 큰 누나에게 갈 때면 사 왔던 크고 작은 인형들, 빼곡하게 매일 주고받았던 이메일. 우리 꽤나 서로 마음을 주고받고 있다고 느꼈다. 처음 너와의 약속 장소로 향하던 버스가 잠시 멈춰 선 맞은편 길에 하필 나는 너를 한눈에 알아봤을까. 그 애와 다정한 모습의 너를 지나쳐 나는 다시 너를 만나 마지막 식사를 마쳤다. 고백의 말을 준비하며 설레었던 그날 내 첫사랑이자 지독한 초, 중, 고 7년의 짝사랑이 끝났다. 이런 귀여운 슬픔의 순간만 있었다면 2019년 30살이 넘은 나는 그렇게 와르르 무너지지 않았을 텐데 세상은 그렇게 귀여운 슬픔만 주지 않았다. 30대가 되면 꽤 멋진 어른이 되어있을 거라 기대했지만 파스스 바스러지며 사라져 버리는 그렇게 아무것도 아닌 그저 그런 존재로 30대를 시작했다. 감정조차 스스로 조절하기 어려웠고 혼자만의 시간을 보낼 줄도 모르다 보니 그늘에서 벗어나려고 발버둥 칠수록 점점 더 내 세상은 좁고 어두워졌다. H는 그런 나에게 무조건적인 사랑을 주고 믿음도 주며 그가 보는 넓은 세상도 보여줬다. 매일 살아내는 것이 불안정했던 나를 위해 다음 날 몇 시간 못 자고 출근해야 하는 먼 길을 퇴근하자마자 3시간 넘게 달려온 그가 고맙고 많이 안쓰러웠다. 해줄 수 있는 거라곤 따뜻한 밥뿐이었는데 이런저런 요리를 만들었던 그때 시간들을 돌아보면 정말 큰 도움이 되었다. 미리 만들어 둔 저녁을 간신히 몇 술 뜨고 쓰러지듯 잠들었다. 보통은 깰까 봐 조용히 방문을 닫고 작업복을 세탁해 두곤 했는데 그날은 이상하게 곁에 앉아있고 싶었다. 그 밤 처음으로 잠든 그의 얼굴을 찬찬히 들여다봤다. 갈색 머리칼에 진한 눈썹, 길게 뻗은 속눈썹에 작지만 제법 높은 코, 광대 주변 주근깨와 얇은 입술. 이렇게나 귀한 사람을 조금이라도 더 눈에 담아두고 싶어 밤새 바라봤다. 그리고 나는 처음으로 어떠한 결심을 했다. 그 결심은 이후 많은 순간에 꽤나 단단한 지지대가 되었다.

가장 가까운 가족에게 받은 상처는 제대로 아물기 어렵다. 여전히 상처는 깊고 쓰리지만 도

톰한 밴드가 있으니 그 상처가 눈에 보이지 않아 마음이 점점 편안해진다. 아이러니하게도 내 도톰한 밴드는 가족이다. H의 가족. 그의 부모님께 인사를 나눈 후 내 첫 생일이었다. 퇴근 후 함께 소고기를 먹는다는 생각에 들떠있었는데 갑자기 화원 앞에 차가 멈췄다. 그리고 내 자리 창문이 내려가더니 그 사이로 큰 꽃바구니가 쑥하고 들어왔다. '생일 축하한다.' 아빠가 준비해 주신 깜짝 꽃 선물이었다. 꽃바구니를 소중히 끌어안고 식당까지 가는 내내 행복한 눈물이 계속 흘렀다. 눈물범벅으로 차에서 내려 멍하니 서있는 나를 아빠는 꼬옥 안아주셨다. 아무 말 없이 눈빛으로 다독여주던 따뜻함이 이제 행복만 함께 일 거라고 말해주는 것 같았다. 마침내 나는 편안해졌다.

 나도 누군가의 H가 되고 싶다. 맛있게 먹었던 것들, 편안하게 읽었던 책들, 내가 받아보고 기뻤던 선물들, 잘 사용하고 있는 제품들을 기억해 둔다. 타인의 시선은 신경 쓰지 않지만 타인의 기분은 많이 살피는 편인데 어두운 소용돌이에 허우적거리고 있는 그들에게 섣부른 위로나 조언 대신 작은 선물에 조용히 마음을 담아 보내기를 좋아한다. 말을 아껴야겠다고 의식하고 행동으로 옮기기 시작했을 때 가장 많이 노력한 부분이 타인에게 질문하는 것이었는데 작은 네모 안에 너도나도 앞다투어 일상이 나열되는 요즘 세상에 그 질문들은 그들이 굳이 말하고 싶지 않은 혹은 아직 말로 꺼내기에 혼자 정리할 시간이 필요한게 아닐까 생각했다. 대신 한 줄이라도 마음이 담긴 손 편지를 함께 보내려고 노력한다. 어쩌면 한 번쯤은 그들에게 도움이 되지 않았을까?

'매일 비슷한 하루를 반복하지만 서로가 곁에 있으니 즐겁고 행복하게 지내자. 지치면 쉬어가고 힘들면 돌아가자. 시간은 많으니 천천히 둘러보자. 그렇게 살아가고 사랑하자.' H의 첫 편지 전문이다. 내 삶이 송두리째 부정당한 그 시기에 묵묵히 곁을 지켜준 유일한 사람이자 온전히 나라는 존재로 우뚝 설 수 있도록 기다려주고 변함없이 수평선 같은 잔잔한 사랑을 가득 채워준 유일한 존재. 덕분에 전혀 다른 사람으로 새로운 삶을 살아내고 있다. 그의 존재는 지금의 내가 조금의 고민도 없이 연고도 없는 이곳의 123년 전통 한옥을 선택한 용기의 전부다.

곧게 뻗은 단단한 기둥, 구불구불 자연곡재들로 만들어진 개구진 서까래, 부드러운 곡선을 가진 지붕, 날렵한 추녀가 결구 되어 하나의 집이 만들어진다. 원래 처음부터 하나의 덩어리였던 것처럼 그러나 제각각 존재감은 확실하다. 한옥은 주변 환경을 해치지 않고 은은하게 물든다. 한옥과 H는 참 많이 닮아있다.

 한옥을 수선하는 방법 중 '드잡이'라는 것이 있다. 움직이거나 기울어진 건물을 해체하지 않고 도구를 이용해 바로잡거나 밑둥이 썩은 기둥을 들어 올려 교체해야 하는 부분만 새로운 나무로 이어 붙일 때 사용되는 방식으로 목자재들이 서로 결구 되어 부재가 서로 밀고 당기는 수평관계인 전통 한옥에서만 가능한 일이다. 외면하고 돌아섰던 그들의 눈에는 헐어버려야 하는 폐허처럼 보였겠지만 꼭꼭 감춰진 원래의 내 모습을 찾아 다정하게 바라봐줬던 H에게는 보물처럼 귀한 집이었다. 본 모습은 그대로 유지한 채 다시 제 역할을 해낼 수 있도록 기울어진 부분만 반듯이 세워주는 일. 내 인생 드잡이공이었던 그와 함께 별채를 드잡이하는 지금 이 시간이 벅차도록 기쁘다.

끝없는 탐구대상 : 내일의 나

 24년 1월의 나는 비정기적으로 출근하는 계약직이다. 갑자기 백수가 되어도 지금 생활에서 달라질 건 없을 것 같지만 그래도 하나의 소속에서 해방되어 시간도 마음에도 조금 여유가 생겼으니 바쁘다는 핑계로 마음을 쓰지 못했던 것들을 돌보고 특별한 일을 하기보다 그저 그런 일상들을 좀 더 충실히 보내고 싶다. 일상이 무너지면 살아가면서 마주할 수밖에 없는 크고 작은 파도들은 두려움의 대상이 된다. 막상 마주하면 시시한 적이 대부분이었지만 여전히 실체가 없는 것들은 두렵다. 두려움의 크기와 대상은 시간이 흘러가면서 많은 변화가 있었지만 요즘은 그중에서도 무언가를 과하게 소유하려는 마음과 소중한 존재를 갑자기 잃게 될 것 같은 걱정처럼 내 의지로 바꿀 수 없는 상황이 가장 두렵다. 이런 크고 작은 파도들은 그저 그런 일상들이 탄탄할 때 그 파도에 내 몸을 맡긴 채 부드럽게 흘러갈 수 있다고 믿는다. 두려움을 덜어낼 수 있는 나만의 방법은 사실 한 가지 더 있는

데 마법과도 같은 말 '그럴 수도 있지'다. 처음엔 의식적으로 주문처럼 내뱉던 말이었다. 자연스럽게 버릇처럼 내뱉기까지 참 오래 걸렸다. 사람과 사람이 얽혀 살아가는 일은 이해가 아니라 인정이라는 것을 받아들이는 데 정말 많은 도움이 되었다. 마음이 어려운 상황에 마주했을 때 우선 내뱉어본다. 그렇게 나를 괴롭히던 것들이 거짓말처럼 별것 아닌 게 되어버린다. '그럴 수도 있지 뭐~'

시골 생활은 타인으로부터 자유롭고싶어 선택했지만 현실은 도시에서 보다 더 많은 사람들과 가깝게 지내고 있다. 형님할머니, 뒷뒷집할머니, 땅콩할머니, 옆집이모, 현애할머니, 지팡이 할아버지, 사촌아저씨 등 수많은 타인들과 마주치면 웃으며 인사를 나누고 안부를 묻는다. 맛있는 게 있으면 나눠 먹고 도움이 필요하면 기꺼이 손을 내민다. 조금의 불편함도 없이 마음을 나누는 내 모습이 자연스럽다. '아! 사실 나는 좋은 타인이 필요했구나' 깨달았다. 인정하고 싶지 않지만 그동안 스쳐 지나간 수많은 타인의 이기심들이 나를 가장 나답게 만들어왔다. 내 의지와 상관없이 나에게만 남은 크고 작은 얼룩들을 지우려 애쓸수록 번지기만 했고 걷잡을 수 없이 커진 얼룩을 지울 수 없어 나만의 색으로 덧칠하기 시작했다. 좋아하는 색으로 덧칠한 자리는 더 이상 얼룩이 보이지 않아서 점점 나를 되찾아가고 있다고 믿었다. 시간이 지나 내가 가진 색보다 진한 얼룩은 다시 흔적을 드러냈다. 이제는 좋은 타인의 예쁜 얼룩으로 그 진한 얼룩을 꾸며보려 한다.

  봄에는 여리지만 제각각 매력을 뽐내며 존재를 과시하는 꽃들을 눈에 담아본다. 여름에는 하루하루 눈에 띄게 자라 징글징글하지만 사계절 중 가장 싱그러운 잡초들을 상대한다. 가을이면 예쁜 옷으로 단장하는 풍요로운 자연에서 얻은 재료로 요리하고 좋은 사람들과 나눠 먹는다. 겨울이 오면 눈썹에 서리가 내려앉고 손끝이 아릴 만큼 춥지만 어느 계절보다 또렷한 밤하늘의 별을 바라본다. 한옥에서의 사계절은 이렇게나 조용히 바쁘다. 날씨가 변덕을 부릴 때면 시골살이는 조금 더 촘촘해져야 한다. 조금만 소홀해졌다가는 크게 틀어지는 일들이 많기 때문이다. 날씨 앱을 켜고 밤부터 내일까지 비 소식이나 눈 소식은 없는지 오늘보다 따뜻한지 추운지 확인

한다. 비가 많이 내리면 배수로를 확인하고, 기온이 영하 5도 밑으로 떨어지면 밖에 수돗가 물을 조금 틀어둔다. 고양이들 잠자리도 더 살피고 보일러 예약 시간도 짧게 돌리고 마지막으로 대청마루로 통하는 문을 더 꼭꼭 닫아 숟가락으로 걸어 잠근다. 특별한 일이 아니면 보통 22시 전에 잠들고 6시 전후에 눈을 뜬다. 알람도 필요하지 않은 완벽한 아침형 인간이라 느긋하고 긴 아침 시간을 선호한다. 눈을 뜨면 이불 속에서 가볍게 스트레칭하고 일어나 미지근한 물로 입을 헹구고 좋아하는 치약과 칫솔로 양치부터 한다. 양치하며 고양이들을 살피고 동시에 몇 시에 집을 나설지 어떤 옷을 입을지 고민도 해본다. 작은 움직임들로 몸을 예열하고 열심히 하루를 살아낼 나에게 작은 응원이 담긴 따뜻한 음식과 커피를 내어주는 시간을 보낸다. 덕분에 꽤 괜찮은 시작의 하루들이 모였다. 나는 여전히 툇마루에 앉아 계절을 만끽하며 사랑하는 H 그리고 너무나 귀여운 고양이들과 뻔한 일상을 보내고 있다. 특별한 순간이 있어 행복하기보다 그저 그런 순간에 내가 있어서 행복하다. 곁에 당연한 것 같아 지나치기 쉬운 일상 속 작은 행복들을 발견하는 순간에 꽤 자주 내가, 당신이,

우리가 존재하기를 바라본다.

밤과 아침 사이, 푸른 시간

새벽
투박한 글 속 언제나 다정한 위로를 품은 사람.

나의 삶

#새벽에 대하여

 동안이라고는 하나, 세월이 비껴간 수준은 아니었다. 제법 주름이 파인 이마가 낯설다. 전부 왼쪽에만 자리를 잡은 쌍꺼풀과 보조개가 한때는 스트레스였지만 나름 밋밋한 얼굴 속 매력이라고 생각하며 살기로 했다. 시골 강아지를 닮았다는 말을 자주 듣곤 하는데 사람에 대한 경계가 없어서 많은 사람들이 날 보고 사람 좋아하는 개 같다고 했다. 경계 없이 사람을 대하고, 싫은 사람이 없던 시절이 있었다. 사람 좋아하고 사랑 좋아하던 그때의 나는 관계 속의 서운함과 속상함에 나오던 울음과 문득 마음을 스친 상처들이 많았다. 그래도 그런 날들을 겪으며 마냥 서럽지만은 않았다. 그저 나에게 변화가 생겼다면 이젠 모두에게 마냥 친절하지만은 않다는 것이다. 항상 무르기만 했던 나는 많이 단단해졌다.

 더 나은 사람이 되어가는 과정을 겪고 있다는 생각을 하기까지 참 오랜 시간이 걸렸기에 지금의 삶이 참 소중하다. 살고 싶다는 생각이 들고 나서부터는 내가 사는 삶이 나쁘지 않은 삶이라고, 아주 괜찮지도 않았지만 그렇다고 죽을 만큼 못 살 정도는 아니라고 느끼며 산다.

#우울과 불면에 시달리던 날들

한때 삶 자체를 원하지 않았다. 내 존재 자체에 부정을 느낄 때도 많았다. 하고 싶은 것을 하면서 살았으면 불행하지 않고 행복할 수 있었을까, 여전히 문득 지난날의 후회가 밀려올 때면 그 시절의 나는 왜 그렇게 죽을 것처럼 아프다고 징징거렸는지, 왜 자꾸 마음먹은 대로 되지 않는 일투성이였던 건지, 마음을 조금 덜어내고자 쓰기 시작한 일기는 왜 자꾸 유서가 되었던 건지 이따금 생각하며 그때의 감정을 되뇌어 본다. 그런 생각을 하다가 보면 괜히 울적한 기분이 들기도 하지만 이미 오랜 시간이 지났기에 더 이상 약해지지 않는다. 이제야 나는 내 감정을 직면하고 극복할 수 있는 사람이 되었다.

그래도 낭만에 죽고 못 사는 터라 불면에 시달리던 푸른 밤에 새겨진 손톱달을 바라보고 있노라면 사람 사는 게 아닌 것 같았음에도 글 하나는 잘 써져서 밤을 새워 글을 썼다. 누군가 그랬다. 너는 슬플 때만 글을 쓰는 것 같다고. 그때 인정하고 꾸준히 글을 썼다면 나는 더 빨리 작가가 될 수 있었을까? 나만이 쓸 수 있는 글을 다시 써보고 싶다. 밤을 새워 미친 사람처럼 글을 적어 내려가던 그때의 내가 가끔은 그립다.

#역마, 내 꿈은 방랑자

 나의 계획적이지 않은 여행에도 동일한 패턴은 있다. 음악과 함께 떠나서 책과 함께 돌아오는 것. 그 지역 독립 서점엘 꼭 들러 생각나는 사람에게 선물할 책과 내가 읽을 책 한 권을 사는 습관이 있다. 오늘은 어떤 책을 만날까 하는 설렘이 참 좋다.

 여행을 아무리 좋아해도 나름의 편식이 있다. 바닷가를 좋아한다는 것. 주로 바다가 있는 지역으로 여행을 간다. 아주 오래전에 딱 한 번 다녀왔던 남해에서의 기억이 너무 좋아서 다시 한 번 가보고 싶은데 쉽지 않아 그저 꿈만 꾸고 있다. 남해의 어느 마을 바닷가 한편에 작은 책상을 마련해 두고 글만 쓰는 상상을 해본다. 마치 바다가 나의 집인 것처럼, 모래가 나의 방인 것처럼 가만히 앉아 바람을 느끼기도 하고, 맨발로 바닷물에 들어가 느긋하게 걷기도 하다가 바람은 나의 이불이며, 차가운 파도 소리는 음악, 윤슬이 가득 찬 수평선은 그림처럼 느껴질 그곳에서 지나온 시절도, 맞이할 내일도 생각하지 않고 평온하게 지내다 오면 참 좋겠다. 만약 내가 백수가 된다면 분명 여유로운 상황은 아니겠지만 백수가 되었다는 것에 크게 연연해하지 않고 그저 해방의 의미로 남해로 훌쩍 떠날 것 같다. 펜과 공책, 그리고 책 한 권을 챙겨 들고 그 푸른 바닷가를 거닐며, 두고 온 모든 것들을 적당히 그리워하며 나의 호흡으로 글만 쓰다가 돌아오고 싶다.

#그럼에도 극복

온 힘을 다해 이뤄낼 거다. 나는 태생이 겁쟁이라 두려운 것이 차고 넘쳤다. 무서운 것을 보면 항상 악몽을 꿀 정도의 겁쟁이다. 그러다 꿈에서 깨면 출근할 시간, 새벽 다섯 시 반이다.

책을 쓰려고 다시 마음먹기 시작한 것이 비록 올바른 마음이 아니었을지라도 결국 책을 펴내었길 바란다. 빛 한 줄기 들어오지 않을 것 같던 나의 심연에 날아든 반딧불이 기어코 온몸에 빛을 뿜어 너를 밝혀준 것처럼 나 또한 스스로 빛을 내 다른 이들을 밝혀주는 사람이 되어있길 바란다. 동이 트기 직전의 하늘이 제일 어두운 법이라고 했다. 오랜 시간 어두웠던 나에게 이제야 빛이 들기 시작했으니 점점 더 환히 빛날 일만 남았다. 그렇기에 나는 아직 새벽인 것이다. 악몽은 끝났다.

 악몽에서 깨어났으니 지금부터라도 잘 살자, 내 삶의 시간은 이제 겨우 새벽 다섯 시 반이다.

나의 꿈

#오랜 밤

한동안 내면의 깊은 심연에 갇혀 빠져나오지 못하고 허우적거릴 시기엔 미친 듯이 글을 썼다. 약을 먹고 졸린 와중에도 꼭 쥐고 있던 펜과, 젖었다 마른 자국의 종이 쪼가리에 수없이 적어 내려가던 글자들. 점차 나아져 갈 때쯤 공책을 열어 썼던 글을 다시 읽었던 날은 자신을 사랑해 본 적 없던 내가 처음 스스로를 들여다보게 되던 날이었다. 여전히 단 한 줄의 문장을 적어도 감정을 꾹꾹 담는다. 씀으로써 온전한 내가 된다. 타인과의 관계에 온 신경을 쏟느라 정작 나를 돌보지 못했던 지난날, 그렇게 상처를 받으면서도 치유할 줄 몰라 방치만 하다 결국 탈이 났다. 그때는 엄청난 통증으로 느껴졌지만 돌이켜보니 나 스스로를 아프게 했던 것은 타인이 아니라 바로 나였다는 것을 깨달았다. 마음에도 근육이 있다고 했다. 그 근육들을 키워야 마음도 단단해진다는 말을 어디서 주워들었다. 재작년 겨울의 내 마음이 찢긴 줄만 알았는데 찢긴 곳에 단단한 근육이 생겨났나 보다. 견뎌보니 참 괜찮은 삶이 기다리고 있더라. 그러니 나는 내년 이맘때쯤엔 더욱 행복할 거다.

#오랜 꿈

내가 글을 쓰기 시작한 계기는 단순했다. 마음을 편지로 전달하는 것에 큰 의미를 느껴 사소한 말이라도 오래 기억되었으면 좋겠다는 마음으로 편지를 썼다. 그 편지들은 아직도 그들의 곁에서 위로가 되고 있을까? 음성으로 전달하기엔 쑥스러운 말들이 모여 누군가에게는 사랑이 되고 누군가에게는 위로이자 용기가 된다는 게 좋아서 나는 아직도 손 편지를 적곤 한다. 누군가 내 글을 읽을 때면 편지를 읽는 것 같다고 했다. 주변 사람들에게 항상 말보다는 편지로 건네던 습관이 지금은 나의 마음을 풀어내는 수단이자 꿈이 되었다. 시인이 되고 싶다는 꿈을 품었던 시절, 한 번은 서울에 살 때 문학 공모전에 시를 써서 낸 적이 있었다. 뭘 해보려고 냈던 것은 아니었고 주변에 공모전에 관심이 있던 사람을 따라 내봤는데 그때 쓴 시 중에 은유적인 표현의 숨향기라는 시를 썼던 것이 기억난다. 결국 떨어졌고 그 시는 어디에도 존재하지 않지만 아직도 내가 쓴 시 중에 제일 애착을 가졌던 기억만이 남아있다. 감성이 가득한 사람치고는 그 감성에 맞는 글을 쓸 때 언제나 한계에 부딪히는 것 같아 좌절한 적이 많았다. 하지만 나는 여전히 글을 쓰고 싶다. 온전히 나의 호흡으로 써 내려간 책을 세상에 내어 보이는 것이 나의 꿈이다.

 언젠가 세상 사람들에게 편지 한 권을 내어 보이고 싶다.

나의 비망록

#2021년의 회고

내가 지나온 모든 길은 내가 끄적거려 온 글로 이어져 있다. 아주 어린 시절부터 글 없는 인생을 살아본 적이 없고, 나에게서 나오는 모든 감정적 표현은 전부 글로 해석했으니 편지가 일상이었으며 시를 쓰는 것이 행복했던 시절이었다. 그만큼 글을 사랑했고 내가 제일 잘할 수 있는 일은 글을 쓰는 것이라고 생각하며 살던 어느 날 나의 마음엔 지독한 감기가 찾아왔다. 아무 이유 없이 아팠고 울었으며 옳지 않은 방법으로 우울을 해소한 적이 많았다. 정말 아무리 생각해도 내가 이렇게 된 이유를 잘 모르겠으니 더 미칠 노릇이었다. 왜 내가 이렇게 되어버렸는지 생각하다가 더 깊은 땅속으로 꺼지는 기분이 들었다. 그래서 어느 날엔 회사도 나가지 않고 몇 날 며칠을 집에서 밥도 안 먹고 시체처럼 누워있기만 했다. 글을 쓰는 일을 멈추진 않았지만 행복해서 쓰던 글이 갑자기 우울을 견디는 수단이 되어버렸다는 사실에 더 괴로웠는데도 마음을 풀어내려면 수취인 불명의 편지 같은 것들을 써야만 했다. 그건 아마 깊은 곳에 처박혀버린 나에게 쓰던 편지가 아니었을까? 죽고자 하는 열망과 차마 죽을 용기는 없어 애써 견디기 위한 마음이 내 속을 난도질하는 것을 꾹 참고 글을 쓰기 시작한 이후에는 슬픈 기분이 들 때만, 그러니까 거의 매일 글을 썼다. 결국 나중엔 만신창이가 되어버린 나를 마주하고 말았다. 말도 못 할 그런 꼴을 하고, 그런 마음으로 내가 누굴 사랑할 수 있겠는가. 그럼에도 내 곁에 다가오는 사람은 있었다. 그런 사람을 잃지 않으려 노력했지만 결국 내 마음을 보여주면 하나같이 멀어지기만 했다. 이제 와 알겠다. 나는 다 떨어져 너덜너덜한 마음을 애써 쥐고 상대에게 내밀었다. 내가 적은 것이 글인지, 울부짖음인지 알 수도 없는 것을 편지라고 써서 상대에게 갖다 바쳤다. 그때의 나는 진심이었지만 그런 마음을 사랑이라고 건네받은 사람들에게는 보기 싫은 흉측한 감정이었을 것 같아 가끔 미안한 마음이 든다. 이렇게 타인에겐 잘도 미안해하면서 혼자 숱한 밤을 아팠고, 괴로웠고, 힘들게 보내며 방치해두고는 단 한 번도 나에게 미안한 마음이 든다거나 위로의 말을 건넨 적이 없었다. 스스로를 챙기며 살기 위해 노력을 해본 적이 없었다. 그저 죽지 않기 위해, 간신히 살아냈던 딱 그 정도의 삶을 살았다. 그런 밤들을 보내며 나는 단순히 지나가는 열병을 앓는 것이라 혼자 진단하고, 혼자 견뎠던 것이다. 그 시간이 후회스럽거나 하진 않는다. 다만 남들에게 온 신경을 쓰며 보내지 않고, 조금 더 나를 들여다보는 것에 시간을 들였더라면 잘못 배운 사랑이 아닌 잔잔하고 따뜻한 사랑을 사람들에게 전할 수 있었을 것 같다는 아쉬움이 남을 뿐이다.

#2024년의 비망록

언젠가 책 한 권을 내보이겠다고 했던 약속을 기억하는가.

그사이 내 곁을 떠난 사람들도 있지만, 오랜 약속을 기다려준 감사한 사람들이 더 많다는 것을 느꼈다. 묵묵히 각자의 방법으로 위로해 주던 무수히 많은 마음들을 내가 너무 모르는 척 살아왔다. 서른이 넘어서야 지난날에 대한 상처와 미련을 조금은 내려두고 미래를 위해 현재를 살아가는 내가 되기까지 주변 사람들의 도움 없이는 결코 이룰 수 없었을 것이다. 내가 쓰는 첫 기록의 마지막 장은 감사를 전하는 말로 끝맺고 싶었다. 고작 몇 페이지의 글이 내가 걸어온 길이고, 나의 정체성이다. 어딘가 고장 나 보였던 이런 모습도 결국 나의 일부였던 것을 인정하니 부끄러웠던 마음이 씻기듯 내려간다. 나는 걸어온 날보다 앞으로 걸어갈 날이 훨씬 많기에 앞으로는 더 나은 삶을 살고자 다짐하는 의미로 기록을 시작했다. 긴 호흡으로 써 내려가는 글은 처음이라 많이 서툴고 부족해 보일 수는 있겠지만 나의 글이 읽히는 곳은 어딘가 어둡고도 포근한 곳이었으면 좋겠다. 그곳에 숨어있을, 아직 피어나지 못한 분들이 나의 글을 읽으며 아픔보단 희망을 느꼈으면 좋겠다. 너무 질퍽거려서 한 발을 내딛기도 힘든 삶을 살며 나는 언제나 목이 말랐다. 돌이켜보면 스스로 눈을 가리고 있었던 것뿐, 오아시스는 언제나 나의 근처에 있었다. 나를 가두는 것은 나 자신이었다. 줄곧 평안함이 꿈이었는데 많이 단단해지고 의연해짐으로써 비로소 평안함에 이르렀다. 오늘이 오기까지 잘했고, 잘 견뎠다. 그렇게 스스로에게 처음으로 위로를 건네어 본다. 나를 그저 바라봐 주는 것만으로도 힘이 될 때가 있다. 잠 못 이루던 어두운 새벽에, 옅게 비친 푸른빛을 받으며 울기도 많이 울었지만 고요함 속에서 많은 위로를 받았다. 이제는 내가 이 자리에서 혹여나 나와 같은 고민에 잠을 이루지 못하는 사람들을 위로할 수 있는 푸른 새벽이 되고 싶다.

어제 한 선택에
책임을 지고 있는 너에게

오영주

내향적이고 눈물이 많아 표현이 서투른 사람. 감정 표현이 말보다 글이 편한 사람. 그래서 나는 글을 적는다.

내가 원하는 삶, 내가 바랐던 삶

 내가 좋아하는 것을 하며 돈도 벌 수 있는, 좋아하는 일이 직업이 되는 일은 기적과도 같은 일이다. 모든 면에 적당히 생활하던 나에게 즐기고 할애하는 시간이 늘어나는 것이 생겼고, 그런 기적이 나에게 찾아왔다. 취미에 빠져 직장도 그만두고 취미를 직업으로 하는 사람이 되었다.

 꿈꿔왔던 삶은 아니었지만 그 당시에는 좋아서 빠져 있었다. 하지만 다른 마음을 품었던 벌이었을까. 믿었던 사람들의 배신으로 나름 오래 다닌 직장을 그만두게 되었다. 퇴사 직전에는 오랜 연인과 이별을 했다. 배신감은 아주 잠시였지만, 이별의 후폭풍이 뒤늦게 찾아와 너무 힘들었다. 두 이별은 나의 생활패턴을 뒤바꿨다. 일상이 없어지면 힘들다는 걸 그때 처음 느꼈다. 그렇게 프리랜서 강사에서 운영 대표로까지, 더욱 열심히 이 일에 몰두했다. 익숙함을 지워내려고 외면하려는 마음이 그런 나에게 용기를 주었다.

그러나 마주한 현실은 너무나도 차가웠다. 경험하지 않으면 알 수 없는 세상이었다. 들었던 것과는 전혀 달라 마냥 즐길 수도 없었다. 직접 뛰어야 하는 영업, 그리고 더 많은 사람들과의 관계를 형성하고, 또 유지하기는 너무나도 힘들었다. 그리고 얼마 지나지 않아 마주한 코로나라는 직격탄은 사람 사이의 상처보다 더 크게 다가왔다. 그렇게 프리랜서 강사로, 대표로, 지금은 다시 프리랜서 직원이다.

전반적인 운영과 경제적인 부분을 모두 감당해야 하고, 함께 일하는 사람과 부수적인 것들까지 관리하고 책임져야 하는 대표의 삶. 지위가 있지만 그만큼 힘들었던 삶이었다. 그보단 주어진 시간에 주어진 일만 해내면 되는 지금이 어쩐지 마음은 편하다. 다만 프리랜서라는 지위에서 오는 불안감은 어쩔 수 없다.

어릴 때부터 어른들에게 잘한 일이든 못한 일이든 다 경험이고, 피가 되고 살이 된다는 말을 많이 들었다. 실패하고 깨닫고 배워 가며 더 나은 직원, 사장님, 선생님이 되려 했다. 하지만 지금 다른 일을 하고 있다는 건 실패가 아닌가. 각각의 회사는 다 다른 사회다. 경험은 경험이고 그 사회에서 인정되는 건 별로 없었다. 그래서 지난 내 시간들이, 지금이 내 커리어를 생각했을 때 옳은 것인가 하는 고민이 많다. 요즘은 평생직업은 없다고 다양한 경험을 해봐야 한다고들 한다. 준비가 부족하고 성급하게 시작했던 탓인지, 어쩌다 다른 직업을 가져봤던 나로서는 잘 모르겠다.

언제쯤이면 어른이라 인정할 수 있을까

 어른이 되면 실수도 안 할 것 같고, 뭐든 자신 있을 거라 생각한 적이 있다. 어린아이는 뭐든 불안정하고 혼나는 일이 많으니까. 하지만 내가 어른이 되어가는 과정은 그렇지 않았다. 여전히 내 선택과 행동에 후회하는 일들이 많고, 누군가에게는 어린아이처럼 불안정한 사람이었다.

 좋은 기회지만, 시기가 맞냐는 고민을 한다. 기회도 타이밍이라 했는데, 그게 참 어렵다. 벌써 정리한 지 꽤 시간이 지났다. 부모님을 설득하고 자금을 빌려 프리랜서에서 사업자가 되던 때가 마음 한구석을 괴롭힌다. 아마 평생 따라다닐 것 같다.

 경쟁이라며 나를 내몰았던 분위기, 그리고 이것이 기회라며 나를 치켜세워주던 사람들. 그 사이에서 선택은 나의 몫이었지만, 철없는 선택이었다. 어떻게 보면 배운 것도 많고, 좋은 사람들을 만나고, 좋은 시간도 많았지만, 너무나 큰 돈을 들인 경험이었다. 조금 더 어른이었다면 신중하게 고민하고 결정할 수 있었을까. 어른이 돼서 한 선택은 대가가 컸다. 여전히 어린 아이처럼 불안정한데 결정과 책임의 규모가 너무 커져 버렸다. 그래도 그때의 나의 용기와 선택에 후회는 없지만, 지금 다시 그때로 돌아간다면 좀 더 신중하고 성급하지 않은 선택을 하고 싶다.

 내 선택의 결과로 아직도 내가 벌였던 일들과 관련해서 아등바등 지내고 있다. 다음 달이면, 내년쯤이면 여유가 생기겠지 생각하며 하루하루를 보냈다. 하지만 시간이 지나면서 돌아본 나는 그렇게 열심히 살 필요가 있었나 싶다. 조금 여유를 가졌어도 괜찮았음이 지나고 나서야 보였다. 그런 하루하루가 지금을 가져와 준 것일 테지만, 그럴 필요가 없었던 것 같은 느낌이다. 어른이 되었어도 알 수 없는 게, 후회하는 게 너무나도 많다.

나도 벌써 옛날 사람이 되어가

틈날 때면 SNS를 즐겨 본다. 여러 사람들이 올린 사진과 동영상들을 딱히 정해놓은 주제 없이 넘겨 본다. 풍경이 예쁘거나 특별한 무언가가 있는 장소들, 그리고 나와 비슷한 추억이지만 옛 것으로 취급되거나 이젠 없어 회상되는 것들도 있다. 나도 이제 옛날 사람이 된 것 같았다.

내가 어릴 때까지만 해도 쉽게 놀러 다닐 수 있는 곳이 많았다. 산, 바다, 박물관 같은 곳이 지금보다 덜 제약적이라서 계절에 따라 온 가족이 놀러 간 기억들이 많다. 할머니, 할아버지, 삼촌, 이모, 사촌 동생들까지도. 다 같이 큰 냄비에 백숙도 끓여 먹고, 고기도 구워 먹고, 장작불을 때어 고구마와 감자, 귤도 구워 먹었다. 누군가에게는 추억, 누군가에게는 그저 그런 옛날이야기일 뿐일 테지만, 확실히 살다 보면 그런 이야기는 빠질 수가 없다. '우리 때는 말이야' 같이 꼰대 같은 생각이겠지만, 그런 생각을 하지 않을 수 없다.

지금은 그렇게 모일 수도, 갈 수도 없지만 나와 비슷한 시절의 사람들은 이런 추억들을 가지고 있지 않을까. 할머니 할아버지가, 엄마 아빠가 해주셨던 옛날이야기들. 그리고 나의 이야기가 이젠 옛날이야기가 되어가고 있다. 그 옛날 많은 가족들이 모여서 무언가를 함께 했던 그때가 이따금 그립다. 같은 기억을 공유하고, 그때의 감정을 나누고 추억하며 나와 우리를 더 돈독하게 만들어주는 것. 그런 좋은 추억들이 오늘을 살아갈 수 있게 한다.

지나고 나니 보이는 것들

가끔 어렸을 때가 생각이 난다. 즐겁고 좋았던 기억도 많지만, '그때 그랬더라면' 하고 후회하는 일들이 떠오를 때가 더 많다.

어렸을 때 난 오빠를 따라 자격증 시험에 많이 도전했다. 오빠랑 같이, 그리고 오빠를 이기고 싶은 마음에 더 높은 단계를 지원했다. 결과는 당연히 불합격이다. 실력보다 어려운 시험들이었고, 준비도 안 됐었기 때문이다. 부모님은 그런 지원은 안 아끼시는 분이었기에 나의 욕심은 수험료와 수험 책 탕진으로 이어졌다. 쓸데없는 경쟁심과 욕심만 있었고 노력은 없었던 철없던 아이였다.

이런저런 재주로 대회도 많이 나갔다. 그림 그리기, 글쓰기를 좋아했고, 부모님의 뒷받침으로 그런 대회들에 참가해서 수상도 했다. 축제마다 찾아가서 그리기도 했고, 타지역에서 하는 공모전도 지원하곤 했다. 상을 받을수록 욕심도 났지만 부담감도 컸다. 그런 와중에 다른 친구들과 비교하고, 점점 내 도구들에 불만을 갖고, 짜증을 많이 부렸다. 그럴 때마다 부모님은 새로운 도구들도 사주시고, 내 감정을 다 받아주셨다. 지나고 나서 생각하니 욕심이 아주 많은 아이였다.

 좀 더 열심히 했다면, 더 많은 자격증과 능력들로 지금의 삶은 한 단계 더 높은 삶을 살고 있지 않을까. 욕심을 부리지 않고, 짜증이 아닌 부담감을 표현했더라면 어땠을까. 부모님의 사랑에 비해 너무 게을렀던 나. 그리고 타인과 비교하며 욕심만 부렸던 나. 돌아갈 수 있다면 더 열심히, 꾸준히 하고 싶다. 그 시절의 나를 만날 수 있다면 좀 혼내주고 싶다. 어린 시절의 내가 창피하기도 하고 이런 나의 부모님께 감사하고 죄송하다.

내가 나에게 보내는 신호

요즘 들어 사람에, 상황에 많이 놀라고, 깜빡하고 놓치는 것들이 많다. 말을 하기 전에 생각하는 것도 전보다 많아졌다. 그리고 왠지 모를 불안과 불만을 느낀다. 그래서 '아', '아 맞다', '아이쿠', '아이씨', '아 이런' 같은 말들이 입에 붙은 듯이 따라다닌다. 내가 먼저 말을 걸 때에도, 질문에 답을 할 때에도 버퍼링같이. 나사가 빠졌거나, 화가 많아졌다. 그런 내 모습은 내가 나에게 쉼이 필요하다는 신호를 보내오는 것 같다.

예전에는 여행을 좋아했다. 쉼을 생각하니 떠오르는 게 여행이었다. 첫 해외여행을 경험하고 매년 한 번씩은 어디든 떠나자는 다짐을 했었다. 하지만 퇴사와 이직을 반복하면서 시간적으로나 금전적으로나 여유가 없어서 다짐은 무너졌다. 아직도 안정을 찾으려면 멀었지만, 쉴 수 있는 충분한 시간이 생긴다면, 오래 미뤘던 여행을 떠나고 싶다. 일과 돈에 쫓기지 않는 나를 위한 여행.

한동안은 아침 일찍 일어나 스트레칭을 하고 일을 시작했다. 다만 일을 끝내는 시간이 늦어서 하루를 가득 채운 일상이 시간에 쫓기듯 여유가 없었다. 그때는 남들처럼 저녁이 있는 삶을 살고 싶었다. 지금은 원하던 저녁 시간을 갖게 되었다. 의무적으로 아침 일찍 해야 하는 일이 없어지니 밤에 잠드는 게 편해지고, 자기 전이나 눈을 뜬 후 책을 읽거나 음악을 듣는 여유가 생겼다. 여유는 이것저것 시도하게 만드는 힘이 있다.

 현실적인 이유들로 여행 대신 빠진 것이 오디오북 듣기다. 종이책이 아니면 집중도 못 하고 잘 읽지 않다가 오디오북에 빠졌다. 잘 들리는 발음에 듣기 좋은 목소리들은 나를 이야기에 푹 빠지게 했다. 이어폰도 불편해 헤드셋도 구매했다. 이동 중에도 일과 일 사이에 여유가 있으면 재빨리 헤드셋을 끼고 오디오북을 재생한다. 헤드셋을 끼고 무언갈 듣는 게 좋아졌다. 귀에 헤드셋이 걸린 순간은 나를 고립시키고 쉬게 해주는 느낌이 들어 좋다. 헤드셋과 오디오북이 좋다.

30년만에 깨달은 무뚝뚝함

 사람들은 나보고 동글동글 순한 인상이라고들 한다. 그래서 쉽게 다가오는데 내가 미처 받아주지 못하는 경우가 많다. 나는 사람을 많이 만나지 않고 내향적이라 갈수록 사람을 대하는 게 어렵다. 어떤 말을 해야 좋을지, 어떻게 대해야 할지 눈치 보며 고민을 많이 한다. 그래서 사실 먼저 묻고 말하기보단, 듣고 답을 해주는 경우가 대부분이다. 그래서 언젠가부터 '생각보다 무뚝뚝하시네요'라는 말을 많이 듣게 되었다.

 이런 나의 인상과 성격 때문에 어려움을 겪을 때가 많다. 동글동굴 내향인은 다 받아주고 해주는 사람 상인가보다. 퍼즐 조각처럼 딱딱 맞으면 좋겠지만, 역시나다. 서로의 다른 바람은 상처와 실망을 불러올 뿐이다. 더 이상 사람으로 상처를 받고 싶지 않다. 그래서 일단 나부터 욕심을 조금 내려놓기로 다짐했다. 내가 먼저 기대치를 낮추고, 통증점을 낮춰놓으면 편하지 않을까하는 마음이다.

사람들은 남에게 관심이 없는 듯하면서도 지나치게 궁금해하는 경우가 많다. 그리고 걱정이랍시고 괜한 오지랖까지. 나는 내 선택에 대해 책임을 지며 사는 건데, 사람들은 왜 그렇게 열심히 사냐고 한다. 그 돈 없어도 살 수 있고, 그 시간에 연애도 하고 놀러나 다니라고. 다 저마다의 사정이 있다는 건 무시한 채 그에 대한 내 대답은 아무것도 아니게 만든다. 그런 대화가 오고 갈 때면 상처를 받는다.

 사람들과 적당히 지내는 것은 어렵고 그런 관계를 만들고 유지하는 것도 어렵다. 무엇보다 내 주변, 내가 좋아하는 누군가에게 미움을 받을까, 또 잃을까 두려운 나다. 뜻한 대로 되지도 않고 어려움투성이지만, 적당히 선을 지키며 좋은 관계들을 만들고 싶다. 그러기 위해 나의 생각은 넣어두고 저마다의 선택과 책임을, 모든 삶에는 정답은 없다는 걸 기억하길. 그렇구나, 그럴 수도 있지 이해하며 일단은 서로를 기다려주는 관계이길 바란다. 그래서 사람에게서 상처를 덜 주고받으며 어제보다는 더 좋은 오늘을 만들고 싶다.

오늘도 위로를 찾아

 잔잔한 감정 변화들로 하루를 보내면 그 하루는 잘 보낸 하루에 가깝다. 그러나, 한순간에 실망하거나 슬퍼지는 날이 생각보다 많다. 잔잔한 하루를 바라기에 그저 그렇게, 그러려니 맞춰줄 때가 많다. 그런데 그런 마음도 모르고 돌을 던져 흔들어 놓는 마음들이 있다. 마치 내가 문제인 것처럼, 당연히 나는 아무렇지 않을 것처럼. 그래도 그런 날이 있는 반면에 생각지 못한 나를 향한 마음을 만나 기분 좋은 날이 있어 위로받는다. 무심한 듯 건네진 초콜릿처럼.

 가끔 본래의 나를 잊고 두려움을 가질 때가 많다. 그럼 나답지 않게 실수도 많고 우울감에 빠진다. 그런 우울감은 아무것도 하고 싶지 않고, 무기력하게 만든다. 그럴 때면 나는 내가 할 수 있는 것들을 먼저 찾는다. 손가락을 움직여 무언갈 만들기 시작하거나, 누군가의 인생이 담긴 이야기를 읽는다. 내가 만든 것을 보고 만족감을 찾고, 그 이야기에서 나의 인생을 빗대어 보며, 우울감에 숨어있던 나를 다시 찾아온다. 그렇게 또 하나의 위로를 찾았다.

 통화보단 문자가 편하다. 말로 하게 되면 내 감정이나 말하고자 하는 것이 다 내 마음대로 되지 않는다. 감정이 넘쳐 어쩔 줄 모를 때도 그때의 감정을 차근차근 적다 보면 진정되기도 하고, 남에게 쉽사리 하지 못하는 말들도 적다 보면 전달하고자 하는 바를 명확하게 할 수 있다. 매일이 불안함을 가지고 있는 나는 글을 쓰는 이 시간만큼은 차분해지고 고요한 마음을 갖게 된다. 그게 습관이 되면 감정을 말하기가 좀 나아지지 않을까. 글에서 위로를 찾아보려 한다. 그렇게 나의 감정과 하루를 기록하고 돌아보면 좋지 않을까?

지금, 나와 그대를 사랑할 여유

이지니

글을 쓰면서 나와 타인의 빈칸을 채운다. 소설로 단행본 여섯 번의 초행길 [고속도로]와 우연의 순간들 [공중전화]가 있다.

나, 나를 살아가게 하는 꿈

 수업 중에 학생들은 내게 꿈이 무엇이었는지 묻곤 하는데, 그 문장은 항상 과거형이다. 나는 바로 답하지 못하고 아이들에게 되묻는다. 아이들은 저마다 자신의 꿈을 자랑한다. 꿈꾸는 아이들은 무엇이든 될 수 있다. 그런 아이들의 눈을 보면서 꿈이 있는 사람은 누구도 이길 수 없다는 걸 알았다. 이루지 못한다고 하여 잘못된 꿈이 아니다. 그것이 헛된 꿈이라 누가 말할 수 있을까? 꿈은 사람을 살아가게 한다. 아이들의 눈동자처럼 꿈꾸는 사람은 누구보다 빛이 난다. 그리고 나 또한 그런 빛나는 사람이 되기 위해 오늘을 살아간다.

 사람은 어느 정도 경력이 생기면 자만하고 나태해진다. 그걸 요령 또는 노하우라고 부른다. 하지만 잘하게 되어 익숙해지는 것, 익숙해져 머무르는 것, 머무르다 고이게 되는 것을 경계해야 한다. 나는 8년째 아이들을 가르치고 있다. 흐르는 시간이 만들어준 노하우로 이 정도면 충분히 잘한다고 생각했고, 매일 하는 일들이 익숙해져 더 이상 노력하지 않았다. 하지만 그 요령이 어느 날 나의 단점이 되어 돌아왔다. 이젠 스스로 잘한다고 생각하는 것을 경계한다. 그리고 매일을 준비한다. 고인 물은 더러워지기 마련이다. 계속해서 전진하며 흘러갈 수 있도록 평탄한 길보다는 굴곡을, 잔잔함보다는 바람에 출렁이는 파도를 기다려야 한다.

 살다 보면 누구나 한 번쯤 좋아하는 일과 잘하는 일 사이에 고민한다. 20대의 나는 그 사이에서 끊임없이 줄다리기했다. 그림을 좋아해 천재적인 예술가가 되고 싶었다. 하지만 어느 순간 좋아하는 일에 재능을 갖지 못했다는 걸 깨달았다. 그때의 좌절감은 이루 말할 수 없었다. 30대의 나는 잘하는 일을 선택해 또 다른 내 가치를 찾고 있다. 이제는 잘하는 일로 나아가고 좋아하는 일로 쉬어가는 중이다.

 나를 나답게 살아가게 하는 건 무엇일까. 매 순간의 감정에 솔직하고 철없이 사는 것, 그것이 나를 나답게 살아가게 한다. 바로 다음 날 떠나는 땡처리 항공권을 끊어 배낭 하나를 꾸렸다.

밤 비행기로 방콕에 도착해 카오산로드로 갔던 날, 새로운 사람들을 만나고 밤새워 이야기를 나눴다. 또 하루는 세부로 떠나 첫차를 타고 4시간을 달렸다. 오슬롭이라는 시골 마을에서 필리핀 아이들과 함께 고래상어와 수영하며 시간을 보냈다. 어쩌면 그런 무모하고 철없는 날들이 지금의 나를 더 나답게 만들었다.

지금, 나와 그대를 사랑할 여유

어쩌면 조금 아픈 올해를 보냈을 내년의 나에게. 가족들은 잘 챙기고 있는지, 사랑하는 사람에게 익숙해졌단 이유로 함부로 대하진 않는지, 새로운 인생엔 큰 어려움 없이 잘 적응했는지, 꿈꾸던 바는 계획한 대로 잘 이루고 있는지…. 궁금한 것이 많지만 사실 나는 충분히 잘하고 있을 것이라 믿는다. 지금까지 그래왔듯. 어쩌면 조금 아픈 올해를 보냈을 내년의 나에게 당부하고 싶은 한 가지, '나'를 보살폈는지 돌아보라 하고 싶다. 1년 뒤의 나는 지금보다는 온전히, 스스로 사랑할 수 있는 시간과 여유를 갖기를 바란다.

거울 속 서른셋의 나는 웃을 때 눈이 깊어지고 눈가에 주름이 생긴다. 그동안 웃고 행복했던 시간의 흔적이 아닐까 생각하니 눈가의 주름이 싫지만은 않다. 그렇게 매일 거울을 보며 한 살 한 살 나이 듦에 적응하고 있다. 이제는 진한 화장의 얼굴보다 맨얼굴이 더 어울린다. 마른 몸보단 운동하는 건강한 몸이 더 아름답다. 정말로 중요한 건 어리고 예쁜 얼굴보다 자신이 살아온 인생을 담은 멋진 인상을 갖는 것이 아닐까.

하루를 마치고 샤워를 한 후 발을 손으로 만져본다. 작년 가을, 러닝 크루에 들어가 처음 한강대교를 뛰러 나섰다. 10km쯤 달리니 숨이 차고 발이 아려왔다. 그래도 포기하지 않았다. 그렇게 끝까지 완주했을 때 앞으로 평생 달려야겠다는 다짐을 할 수 있었다. 집에 돌아와 운동화를 벗어보니 양말이 피에 물들어 있었다. 젖은 양말을 보며 아픔보다 목표를 달성했다는 기쁨에 웃음이 났다. 여전히 그때 빠졌던 발톱이 울퉁불퉁한 모습으로 자라고 있다. 오늘도 지친 발을 만져본다. 굳은살과 상처로 예쁜 발은 아니지만, 오늘도 내가 이만큼 성장했다는 걸 반증한다.

늦은 시간까지 이불 밖을 벗어나기 어려운 나와는 달리, 그는 아침 일곱 시에 일어나 석촌호수를 달린다. 이제 나도 해가 뜨면 감긴 눈을 뜨고 그가 일찍이 남긴 메시지를 확인하며 아침 인사를 나눈다. 그러다 보면 어느새 잠이 깨고 하루를 시작할 힘이 생긴다. 운동복을 챙겨 입고 나가 석촌호수에서 그를 만난다. 한 바퀴를 돌면 숨이 차 오늘은 그만하고 싶기도 하지만, 뒤처지는 내 손을 잡아주는 그를 따라 한 바퀴를 더 돈다. 다 뛰고 나면 느껴지는 개운함에 오늘도 함께 뛰길 잘했다, 하며 서로 칭찬한다. 바쁜 일과에 서로 보지 못하는 날도 있지만 다시 돌아오지 않을 지금, 오늘도 나와 그대를 사랑할 여유를 한 번 더 챙겨본다.

  삶의 목표가 행복이었던 시절, 삶은 내게 주어진 벌이라고 느꼈다. 딱히 바라지 않았지만 내게 주어져 버려서 함부로 버릴 수도 없는 벌. 그때는 나 자신을 위해서가 아닌 다른 이를 위해 버티며 살았다. 그렇게 살다 보니 지금이 되었다. 나와 같은 생각을 가진 이에게 이런 말해 주고 싶다. 그런 오늘이 모여 내일이 되니, 그저 오늘을 살아가라고. 오늘을 살아가다 보면 너무나 먹고 싶은 음식이 떠오를 수 있다. 어릴 적 먹었던 동네의 포장마차 떡볶이가 될 수도 있고, 엄마가 해준 뜨끈한 잔치 국수가 될 수도 있다. 또한 오늘을 살아가다 보면 무언가 하고픈 일이 생길 수 있다. 그게 목도리 뜨개질이 될 수도, 달리기가 될 수도, 길고양이에게 밥을 주는 일이 될 수도 있다. 그렇게 또 오늘을 살아가다 보면 나를 자기 자신보다 더 사랑해 줄 수 있는 누군가를 만날 수도 있다. 그러다 보면 나 자신을 사랑하게 되는 날이 올 수도 있다. 누군가를 위해서가 아닌, 나를 위해 지금을 살아갈 수 있다.

오늘, 모두가 안녕하길

"안녕하세요?" 별다른 의미 없이 쓰는 인사말이기도 하지만, 한자 풀이로는 安(편할 안)에 寧(편안할 녕)으로 상대방이 무탈한지 묻는 표현이다. 영어로는 안부를 묻는 "How are you?"와 같은 표현이라고 할 수 있다. 하루에도 스무 번, 만나는 모든 이에게 안녕한지 묻는다. 물론 안녕하지 않다고 답하는 사람은 잘 없다. 그래도 우리는 안부를 물으며 서로의 눈을 맞추고 얼굴을 확인한다. 그리고 오늘도 모든 이가 안녕하길 바라는 마음을 담는다.

대학 시절, 점심시간이면 가게 앞 골목까지 줄 서는 떡볶이집에 기다림 없이 바로 들어갈 수 있었다. 사장님이 욕쟁이 할아버지라는 소문에 괜히 긴장된 얼굴로 "안녕하세요?" 인사하며 들어가니 험한 인상의 사장님이 옅은 눈인사로 맞이해주었다. 험악한 소문과는 달리 친절한 서빙에 치즈까지 서비스로 받은 운 좋은 날이었다. 8월의 날씨치고는 기분 좋은 바람이 불며 길가에 노란빛의 금계국이 산들산들 흔들렸다. 그때, 남동생에게서 전화가 왔다. 아빠가 쓰러지셨다는 소식을 전해 들었다. 눈앞이 노래졌다. 괴상하게도 오늘은 운수가 좋더니…. 상상해 본 적 없던 아빠가 없는 세상에서 슬픔에 파묻혀 안녕하지 못한 나날을 보냈다. 사랑한다고 말하지 못한 순간을 되뇌며 후회와 괴로움에 가득 차 있었다.

명절엔 응당 친척 집을 순회해야 했는데 어느 날부턴가 아빠가 가족여행을 가자고 했다. 그래서 우리 가족은 매년 추석, 속초에 갔다. 같은 숙소, 같은 바다, 같은 등대에. 속초의 그날들은 늘 꿈처럼 완벽했다. 시원한 바람도, 청량한 하늘도, 끝없는 바다도 모두 우리의 것이었다. 아빠는 우리가 함께할 시간이 많지 않다는 걸 아신 걸까? 돌아가시기 전, 몇 해 동안의 추석 여행이 나에게 잊지 못할 가장 소중한 순간이다.

어린 시절 북적이던 다섯 식구에서, 언니는 결혼하여 새로운 가정을 꾸리고 동생은 독립해 이제는 엄마와 둘이 살며 서로를 챙긴다. 태어났을 때부터, 아니 뱃속에서부터 필연적인 나의 편은 엄마이다. 어떤 모습이더라도 꾸밈없이 나의 그대로를 보여줄 수 있는 사람, 그 유일한 사람이 아닐까 싶다. 누구와도 이야기하고 싶지 않은 우울한 날에도, 일이 풀리지 않아 짜증스러운 날에도, 사랑에 빠져 온 세상이 반짝여 보이는 날에도 엄마는 늘 내 곁에 있었다. 그런 순간들이 모여 오늘을 또 살아가게 한다. 어쩌면 오늘이 내일의 나를 살아가게 하는 그런 순간일지 모르니 놓치지 말고 오늘을 살아가자.

엄마는 늘 단단했던 사람이었는데 이제는 이전과는 달리 약해진 모습이 보인다. 그래서 이젠 내가 평생 엄마의 힘이 되어 주려 한다. 아빠가 좋아했던 영화 〈어바웃 타임〉에서 시간을 되돌릴 수 있는 능력이 있는 집안이 나온다. 처음 영화를 봤을 땐 능력을 특별한 곳에 사용하지 않는 인물들이 이해되지 않았다. 하지만 다시 생각해 보니, 시간을 되돌려 충분한 시간을 쓸 수 있게 된다면 평범한 일상에서 행복을 찾을 것 같다. 하루를 바쁘게 사느라 보지 못한 것들, 놓치고 지나친 것들을 다시 한번 천천히 바라본다면 현재의 순간을 영원인 것처럼 즐기며 살 수 있지 않을까?

내일, 달라지는 건 아무것도 없겠지만

 오전엔 늘 여유가 있어 따로 알람을 맞추지 않아도 괜찮다. 늦잠을 자도 되고, 일찍 일어나 조금은 어렴풋한 상태로 깨어있어도 괜찮다. 커튼 뒤로 얇게 비치는 햇살에 눈을 뜬다. 잠에서 깨면 눈을 감은 채로 발등에 닿는 보드라운 이불의 촉감을 느끼며 꼼지락, 꼼지락거린다. 새로 빤 베개에 얼굴을 묻고 길게 숨을 들이마시고 내뱉으며 코튼 향기를 맡는다. 오늘도 멋진 하루를 만끽할 수 있도록 어제의 긴장은 내려놓고 마음가짐을 새로이 하며 하루를 시작한다.

 아침에 일어나 감각을 하나씩 깨우는 나만의 루틴은 류이치 사카모토의 〈Merry Christmas, Mr. Lawrence〉 음악을 듣는 것이다. 나는 이 음악이 오늘 보낼 하루를 담고 있다고 생각한다. 잔잔하게 시작되어 조금은 긴장되는 순간이 지나면 언제 그랬냐는 듯 다시 올 평안 같은, 매일이 크리스마스인 나의 하루. 한 곡을 듣는 데 6분 2초가 걸리는데, 아무리 게으름을 피우더라도 이 곡이 끝나기 전에는 일어나야겠다고 다짐한다. 물론 두 번, 세 번 반복 재생이 되어도 그건 나만이 알고 있는 비밀이다.

 출근과 동시에 일이 쏟아진다. 쏟아지는 일은 잠시 제쳐두고 자리에 앉아 커피를 내린다. 한 방울-두 방울. 방안으로 퍼지는 커피 향을 맡으며 심호흡한다. 커피가 내려지는 동안 의자 뒤에 놓인 낮은 책장에 손을 뻗는다. 올해 읽고픈 책을 가득 모아놓은 책장. 그중에서 오늘의 책 한 권을 골라 꺼내 든다. 이전의 내가 접어놓은 부분부터 몇 장을 읽어 내려간다. 그렇게 나만의 평안한 시간으로 기분을 챙기고 치열한 일과를 시작한다.

 일과를 마치고 해가 지는 시간에 시시각각 바뀌는 하늘빛과 노을, 걸어가는 사람들을 보며 느끼는 여유를 좋아한다. 조금은 길어진 해가 귤빛으로 뉘엿뉘엿 지고 있는 시간, 카페에 앉아 노트북을 꺼내고 마음속의 글자들을 써 내려가 본다. 지금처럼 30일 글쓰기를 하거나 일기를 쓰기도 하고, 사랑하는 이에게 편지를 쓰기도 한다. 하루 동안 있었던 일들로 머릿속은 복잡하고 주변은 소란스럽지만, 나를 위한 여유 한 스푼을 섞어보아도 괜찮다는 생각이 든다.

 잠들기 전 침대맡에 물 한 잔을 떠 놓는다. 어릴 적 엄마는 매일같이 보리차를 끓여 잠든 삼남매의 머리맡에 놓아주었다. 졸린 눈으로 익숙한 위치에 손을 뻗기만 하면 엄마가 놓아둔 물을 마실 수 있었다. 그때는 당연했지만, 이제는 감사한 마음으로 엄마의 침대맡에도 물 잔을 올려둔다. 보리차일 때도 있고, 목이 칼칼할 때는 생강차를 두기도 한다. 오늘의 끝에서 내일의 나를 위해 그렇게 하루를 마무리한다.

 새벽 두 시, 아직 깨어있는 걸 보면 저녁형 인간임을 부인할 수 없다. 밤이 되면 잊고 있던 이런저런 생각들을 머릿속에 늘어놓는다. 그리고 나를 위해 쓰지 못한 시간을 하루의 끝자락에라도 욱여넣기 위해 음악을 틀고 글을 쓰거나 그림을 그린다. 아침형 인간이 되고 싶지만, 일찍이 잠이 드는 건 쉽지 않다. 바꾸고 싶다면 잠을 줄이는 수밖에. 오늘도 나에겐 잠 못 드는 밤이지만, 그러든지 말든지 아침엔 내일의 해가 또 뜰 것이다.

안녕,
나의 하루에 인사를 건네다

양현주

나만의 중심을 잃지 않은 채, 앞을 향해 나아가는 삶을 지향하는 사람. 소중한 하루의 일상을 기록하며 살아가고 있다.

나에게 맞는 신발을 신자

#유리 구두를 신은 신데렐라

"반짝이는 유리 구두를 신은 신데렐라는 과연 편하게 춤출 수 있었을까?"

대학교 시절, 며칠간의 통역 아르바이트를 통해 생각보다 많은 통역비를 받은 적이 있다. 뜻밖의 소득은 소비로 이어졌는데 눈앞에 띄었던 것은 평소에 신지도 않았던 화려한 장신구가 달린 반짝이는 가죽의 굽이 높은 하이힐이었다. 무엇엔가 홀린 듯, 한 번 신어보고 바로 하이힐을 구입했고 그날은 알 수 없는 두근거림이 마음 한구석에서 울려 퍼졌다.

그 구두를 신는 것만으로 내 주변의 환경이 바뀔 것이라는 소녀 같은 환상이 있었는지도 모른다. 당시 나는 학교까지 왕복 약 한 시간을 기본으로 걸어 다녔고 수업이 끝나면 아르바이트를 했기 때문에 나에게 맞는 신발은 발이 편한 운동화였다. 그런데 갑작스러운 하이힐이라니. 당연히 발에는 물집이 잡혔고 걷기도 힘들었다. 결국 그 하이힐은 몇 번 신지 못하고 신발장 속에서 빛을 잃어버렸다. 구두 입장에서는 좋은 주인을 만났다면 알맞은 장소에서 그 빛을 발할 수 있었을 것인데 주인을 잘못 만난 셈이다.

흔히 좋은 구두는 좋은 길로 인도해 준다고 하는 말이 있지만, 발에 맞지 않는 구두는 좋은 길로 인도해 줄 수 없다. 반짝이는 구두가 빛나기 위해서는 그에 어울리는 옷과 가방이 필요하고 그에 맞는 환경이 갖추어져야 한다. 신데렐라가 유리 구두를 신고 드레스를 바꿔 입고 호박 마차에 올라 무도회장을 갔듯이 말이다. 그리고 무엇보다 내가 그 구두에 어울리는 사람이 되어야 한다. 그제야 비로소 그 구두는 나에게 맞는 구두가 될 것이고 나를 좋은 길로 인도해 줄 수 있을 것이다.

몇 번의 시행착오를 거쳐 나에게 맞는 구두를 찾는 법을 배웠고 그 신발을 신고 오늘도 삶의 한순간을 살아간다. 내가 성장함에 따라 내가 신을 수 있는 구두는 더욱 다양해질 것이다. 그리고 그 구두는 더 좋은 삶으로 나를 이끌어 줄 것이라 믿는다.

#검정 단화와 서울역에서의 추억

서울역에 갈 때면 가끔 생각나는 추억이 있다. 벌써 10년도 훌쩍 지난 취업 준비생 시절의 일이다. 아르바이트로 구입한 중저가의 검은 양복에 장신구 하나 없는 검정 단화를 신은 채, 몇 곳의 면접을 보고 헛헛한 마음으로 다시 KTX를 타기 위해 서울역에 도착했던 날이었다. 유달리 눈앞의 빌딩들은 크고 멋있어 보였고, 높은 빌딩과 그 안의 수많은 회사들을 보며 혼자 한참 멍하게 생각했다. '이렇게 회사가 많은데 내가 일할 곳이 없네.'

그날의 서울역과 서울이라는 공간은 더없이 넓었다. 다행히 검정 단화를 신고 수많은 장소를 걷고 걸어 내가 일할 곳을 찾았고 어느덧 사회생활 15년이 넘는 직장인이 되었다. 15년 전, 서울역 앞에 서 있는 그때의 나에게 이야기 해주고 싶다.

인생은 길고,
세상은 넓고,
할 수 있는 일은 많아.
잘될 거고, 잘할 거야.

나에게 맞는 신발은 운동화에서 검정 단화를 거쳐 이제 조금은 굽이 있는 검정 구두까지 흘러왔다. 그리고 가끔 화려한 장신구가 달린 구두를 신고 걷기도 한다. 나에게 맞는 신발은 이제 운동화 하나가 아닌 다양한 신발로 그 범위가 넓어졌다. 그리고 앞으로 신발 종류는 더욱 다양해질 것이고 그에 따라 더 많은 길을 가게 될 것이라 믿는다. '나에게 맞는 신발'을 신고 그 길을 즐겁게 걸어가고 싶다.

나만의 오늘을 사는 방법

#하루를 기분 좋게 시작하는 방법

 우리는 성장하는 존재이기 때문에 꿈을 꾼다. 심리학자 매슬로우의 인간 욕구 이론에 따르면 마지막 단계는 자아실현의 욕구이다. 사람은 기본적인 의식주가 해결되면 점점 더 심도 있는 욕구를 탐구하게 된다. 나 또한 현재보다 성장하기를 꿈꾸는 사람 중 한 명으로 내일은 오늘보다 한 뼘 더 성장한 내가 있기를 바라며 오늘을 시작한다. 그리고 그 중심에는 습관이 있다.

 눈을 뜨면 가장 먼저 스트레칭을 시작한다. 이 습관을 들인지 어언 몇 년째, 하나둘씩 동작을 따라 하다 보면 잠들었던 몸이 조금씩 깨어나는 것이 느껴진다. 스트레칭이 끝나면 어느덧 정신은 맑아져 있다. 또한 스트레칭을 통해 아침에 작은 미션을 성공했다는 소박한 성취감까지 느낄 수 있다. 그다음 간단히 아침 식사를 만들고 잠깐의 명상을 즐긴다. 아침을 즐겁게 시작하는 방법, 멀리 있지 않다. 이러한 습관을 통해 내 인생을 내가 주도한다는 생각과 함께 안정감과 더 나아가 자신감을 얻을 수 있다. 그렇게 오늘도 나만의 특별한 하루를 만들어가는 것이다.

 글쓰기 또한 아침 습관 중 하나이다. 순식간에 흘러가는 시간 속에 매일 아침 적어 내려간 글은 그 시간 속에 내가 꾸준히 무언가를 하고 있었음을 증명해 준다. 그리고 그 기록은 나를 안심하게 해준다. 생각을 정리해 글로 쓰고 말로 옮기는 행동을 통해 최소한 어제보다 조금은 더 성숙해질 수 있다고 믿는다. 그렇게 오늘 아침도 생각을 글로 적으며 하루를 시작한다.

 하지만 아침을 즐겁게 시작했음에도 불구하고 왕복 지하철 4시간을 출퇴근하는 삶은 내가 원하던 삶은 아니다. 그렇게 출근하여 하루의 거의 대부분을 보내는 직장에서의 삶 또한 결코 녹록하지 않다. 그러나 시각을 바꾸어보면 아늑한 집과 안정적인 직장, 그 어느 때보다 미래를 향해 한 걸음씩 묵묵히 걸어가는 지금의 삶은 내가 그려왔던 모습이다. 이 삶을 위해 내가 들였던 노력을 잊지 말자. 그리고 더 나은 삶을 위해 오늘도 걸어 나가 보자고 생각하는 매일의 출근길이다.

#불행은 행운으로 가는 지름길이 되기도 한다

내가 고양이를 키우게 될 줄 몰랐다. 20대 대부분의 시간을 내 삶의 안위를 챙기는 데 급급했기 때문에 먹고사는 것 외에는 관심이 없었다. 반려동물과 함께한다는 것은 그만큼의 책임과 희생을 동반해야 하는데 그럴만한 경제적 그리고 정신적인 여유가 없었고 한 생명체를 돌볼 수 있을지 자신이 부족했다. 그러던 차에 나의 의지와는 상관없이 잠시 직장을 나오게 되는 상황이 생겼고 덕분에 갑작스럽게 굉장히 시간이 많아지게 되었다. 그리고 남편은 반려묘와의 일상을 제안했다. 몇 년이 지난 뒤, 남편이 말하기를 당시 여러 악재가 겹쳐진 상태로 마음이 불안정했던 나를 보며 반려묘 입양을 적극적으로 추진했다고 한다. 비록 우리의 의도는 다소 불순했을지 모르더라도 그런 과정 속에서 만난 반려묘 메이와 강이는 너무 소중했고, 두 녀석들 덕분에 나는 새로운 기쁨과 행복 그리고 슬픔을 알게 되었다. 누군가에게는 이러한 평범한 삶이 손쉽게 이뤄낸 일상일지도 모른다. 하지만 나에게는 이 일상을 만들기까지 어느 한순간도 쉽지 않았기에 더 소중하고 감사하다. 그렇게 때로는 갑작스러운 불행이 행복으로 가는 지름길이 되기도 한다.

  오늘도 창문 밖으로 새가 날아들면, 반려묘 메이와 강이는 잰걸음으로 달려 나가 새를 구경한다. 앞발을 창가에 걸친 채, 호기심 가득한 초롱초롱한 눈으로 새가 떠나가도 한참을 그 자리에 앉아 창밖을 바라본다. 한껏 진지한 그 모습이 너무도 귀여워 나는 한참을 두 녀석들을 바라본다. 그리고 문득 생각한다. 지금의 이런 일상이 너무 소중하고 행복하다고. 그리고 집을 나와 출근길 발걸음을 재촉해본다. 길고 긴 출근길 이렇게 상념을 정리하는 시간이 끝나가고 어느덧 오늘도 목적지에 다다른다.

#인생의 이력서
  책상 앞에는 큼지막한 1년 포스터 달력이 걸려있다. 달력에는 1월부터 오늘까지의 일정들이 테이프로 표시되어 있고 더불어 매일 계획했던 일을 완수했을 때 붙인 스마일 스티커가 오밀조밀 붙어있어 있다. 스티커를 붙이며 새삼 '나 잘 살고 있구나.'라고 생각하고 위안을 얻기도 혹은 자신감을 북돋우기도 한다. 오늘은 무슨 색 스티커를 붙여볼까 소박한 고민과 함께 그렇게 또

나만의 하루 이력서를 완성해 간다.

 마흔이 넘어가면 본인의 인상 즉 얼굴에 스스로 책임져야 한다는 말이 있다. 젊음의 반짝거림이 거두어지는 순간, 그동안 지나온 삶에 대한 기록이 드디어 적나라하게 얼굴에 나타나게 된다. 얼굴이 내 인생의 이력서가 되는 것이다.
 오늘도 내 얼굴에 책임질 수 있는 하루를 만들어가자. 나무가 하루하루 나이테를 만들어 세월을 기록하듯 오늘도 내 인생의 그림을 그려가자. 이왕이면 알록달록 다채로운 색상의 물감으로 예쁜 그림을 그려나가자.

 그렇게 다짐했던 아침 출근길,
 그리고 오늘 나의 그림은 어떻게 그려졌나 되돌아보는 퇴근길이다.

#오늘 퇴근길에는 케이크를 사자
 출근길 편의점 매대에 진열된 보름달 빵을 보며 어린 시절 단칸방에서 생일을 축하한다고 말하는 엄마가 떠올랐다. 학교 반 친구들은 집이나 식당에서 생일파티를 열고는 했는데 참석할 때마다 그렇게 부러울 수가 없었다. 맛있는 음식과 각종 선물 그리고 축하 속의 주인공인 친구는 부모님과 함께 활짝 웃고 있었다. 하지만 안타깝게도 우리 가족에게 생일이라는 개념은 없었다. 당장 매일의 삶을 살아가기 버거웠던 내 부모님에게 생일을 챙기는 여유는 사치에 불과했다. 어린 시절에는 마냥 서러웠는데 점차 나이가 들어감에 따라 서글퍼졌다. 삶의 무게에 눌려 일상의 기쁨을 온전히 누리지 못했던 부모님의 삶에 대해 이해하게 되었기 때문이다.

 그날은 내 생일이었다. 집안 형편상 생일파티를 할 수 없다는 것은 이미 충분히 알고 있었다. 하지만 어린 나는 은연중에 최소한 케이크는 먹을 수 있을 것이라고 생각했던 것 같다. 아니 어쩌면 그보다도 웃음 가득한 축하를 받고 싶었는지도 모른다. 매일 고성이 난무했던 작은 단칸방은 그날도 어김없이 큰 소리가 났고 문소리가 쾅 나며 아빠는 집을 나갔다. 그리고 그 순간부터 나는 울었던 것 같다.

"나 오늘 생일인데에에! 엉엉엉"
 엄마의 표정은 기억나지 않는다. 다만 어느 순간 눈앞에 보름달 빵이 하나 놓여 있었다. 슈퍼에서 파는 풍신풍신하고 속에 크림이 들어있는 바로 그 작은 보름달 빵.

 엄마는 생일 축하한다고 했고 나는 울면서 그 보름달 빵을 먹었던 것 같다. 그때 엄마가 어떤 생각과 기분으로 보름달 빵을 샀을지 생각하면 지금도 마음이 먹먹해진다.

 지금의 나는 생일이 아니어도 아무 날이나 먹고 싶을 때 케이크를 살 수 있다. 어느 카페의 어느 케이크가 맛있는지. 케이크 전문점에서 내 취향의 케이크가 무엇인지 호불호도 생겼다. 아무 이유 없이 퇴근길 케이크 한 조각을 사서 귀가하기도 한다.

 그리고 무엇보다 이제 나는 엄마의 생일 케이크를 사드릴 수 있다. "생신 축하해요. 엄마."

 오늘의 작은 행복 찾기, 퇴근길에는 가족을 위해서 케이크를 사자. 그리고 따뜻한 말을 건네자. 그걸로 오늘 하루는 되었다.

인생의 레모네이드를 만든다

#레몬과 레모네이드

"When life gives you lemons, make lemonade."

"삶이 너에게 레몬을 준다면, 그것으로 레모네이드를 만들어라." 이 영어 속담은 내 컴퓨터 바탕화면에 자리하고 있는 문구이다. 지금까지 인생을 살면서 레몬이 주어진 적이 여러 차례 있었다. 그리고 나는 이를 가지고 나만의 레모네이드를 만들었다. 결혼하고 얼마 지나지 않아 집안의 여러 상황들로 인생의 폭풍우를 맞이했던 적도 있었다. 설상가상으로 갑작스럽게 남편의 건강이 안 좋아지면서 여러 병원을 전전해야만 했다. 왜 인생은 나에게만 레몬을 주는 것인지 원망스러웠고 그대로 주저앉고만 싶었던 시절이었다. 그 당시 어떤 위로도 나에게 쉽사리 전해지지 않았다. 다만 나를 버틸 수 있게 했던 건 스스로를 믿는 것뿐이었다.

인생은 쉽지 않은 법이다. 여전히 나에게는 레몬 같은 날들이 더 많은 것만 같다. 그러나 좌절하지 않을 수 있는 건 지금까지 해왔듯 나는 나만의 맛있는 레모네이드를 만들 것이라는 것을 알기 때문이다. 그리고 지금의 나는 행복한 감정을 느끼는 데 생각보다 많은 것이 필요하지 않는다는 것을 안다. 맛있는 음식을 먹는 것만으로도 충분히 '오늘 하루 잘 살았다.'라고 느낄 수 있다. 반려묘의 포근한 몸짓에서도 하루의 행복을 느낄 수 있다. 이제는 그 사실을 잘 알고 있다.

또한 나만의 레모네이드를 만들어가기 위해 일희일비 하지 않는 사람이 되고자 한다. 인생사 새옹지마라고 좋은 일이 있으면 나쁜 일도 있고, 나쁜 일이 있으면 좋은 일도 있는 법. 주변 상황에 크게 흔들리지 않고 나만의 중심을 잃지 않은 채 앞으로 나아가는 사람이고 싶다. 그리고 내 모습이 어떠하였든 세월을 잘 버텨온 스스로를 탓하기 보다는 따뜻하게 안아주고 싶다. 그래, 나를 안아주자.

#폭우가 내린 후에는 맑은 하늘이 보인다

어느 주말, 베란다 소파에 앉아 책을 보다가 고개를 드니 창밖으로 처음 보는 광경이 펼쳐지고 있었다. 산 정상 부근에 구름이 몰려있고 그 밑으로는 기다란 선들이 산과 맞닿아 연결된 형상이었다. 다름 아닌 폭우였다. 얼마 지나지 않아 거대한 빗줄기는 우리 집 위에서 시원하게 쏟아져 내렸다. 창문에 빗방울이 따닥따닥 경쾌한 소리를 내며 부딪쳤고 그 뒤로는 청명해진 하늘이 극명한 대조를 보이며 장관을 이루었다.

갑자기 쏟아지는 비에 창밖의 누군가는 우산을 펼쳤고 또 다른 누군가는 가게 밑으로 몸을 피했으며, 아랑곳하지 않고 묵묵히 비를 맞으며 계속해서 갈 길을 가는 사람도 있었다. 만약 내가 저 폭우 속에 있었다면, 그리고 심지어 우산도 없었다면 나는 굉장히 당황스러웠을 것이다. 그리고 급하게 몸을 숨기고 비가 멈추기를 기다렸을 것이다.

주말 오후 갑자기 내린 비처럼 인생의 폭우도 예상치 못한 순간에 들이닥친다. 그러나 그 폭우 또한 결국은 지나가고 다시 맑은 하늘이 나타난다. 그 순간의 시간을 어떻게 피할지 혹은 맞대응할지는 온전히 나의 몫이리라.

우산과 같은 대비 용품이 있다면 더할 나위 없이 든든하겠지만 없다고 해서 좌절할 필요는 없다. 중요한 것은 이 시간이 지나면 다시 파랗고

맑은 하늘이 햇살과 함께 드러난다는 것이다.

'이 또한 지나가리.' 그것만 잊지 않으면 된다. 비가 내리든, 햇살이 비추든 어떤 날의 하루이든 오늘이 모여 내일이 되고, 그렇게 모인 시간이 나의 인생이 된다.

키를 2도 정도 비튼 조타수

전지적 아아

INFP 같은 ISTP. 내향적이고 즉흥적인 인간. 생각이 끊이지 않아 피곤하지만, 그것을 나름 즐기려고 노력하고 있다.

나의 미래는 책임감과 무거운 중압감

 일찍이 박명수 선생은 "꿈은 없고요, 그냥 놀고 싶습니다."라는 말을 남겼다. 많은 사람들이 공감하는 이 말, 사실 모순이다. 꿈이 없는 것이 아니라 그냥 놀고 싶은 것이 꿈이라고 말하는 문장이기 때문이다. 구체적인 직업을 가진다거나 그럴싸한 목표만이 꿈은 아니다. 내가 살고 싶은 삶의 방향성이 꿈이다. 어린 시절 '나'는 경제적으로 어렵지 않은 삶이 꿈이었다.

 어릴 때 부모님께 많이 들었던 소리 중 하나는 "집에 돈이 없다."였다. 실제 두 분의 벌이를 생각하면 집에 돈이 없긴 없었다. 아버지는 건설 현장에서 하루 벌이하셨고, 어머니는 한 달 실수령 100만 원이 채 되지 않는 3교대 공장에 다니셨다. 두 분의 수입은 꽤 일정치 않았다. 정확히는 아버지의 벌이가 들쭉날쭉이었다. 3주에 한 번은 낮에도 집이 깜깜해야 했다. 어머니가 야간에 일하시면 낮에 주무셔야 하기 때문이다. 늘 밖에서 털고 오시지만 집안에는 일의 고단함이 시멘트 가루 냄새로 내 코를 건드렸다.

 돈을 벌어오는 사람이 짊어지는 삶의 무게를 일찍부터 어렴풋하게 알았다. 부모님께 용돈을 받는 것이 두렵기도 했다. 중학교 때 1주일 용돈이 500원이었는데, 그 돈이 참 무겁게 느껴졌다. 그래도 크게 경제적으로 부족하다는 느낌은 받지 않았다. 학교 준비물을 못 사거나, 수학여행을 못 갈 정도로 가난하지는 않았으니까. 그렇지만 부모님께서는 꽤 자주 집에 돈이 없다는 이야기를 하셨고, 어김없이 그날은 시멘트 냄새가 내 코를 건드렸다.

 새천년이 되기 직전 경상도 지역의 첫째에게 어려운 집안을 네가 일으켜야 한다는 미션이 생겼다. 그것은 집안 어른들만 이야기하는 것이 아니었다. 우리 집 사정을 아는 모든 어른들이 나에게 한 말이었다. 일주일 용돈의 무게가 더 무겁게 다가왔다. 나는 돈을 벌어서 집안을 일으켜야 하는 사람이었다.

 어릴 때 책을 읽는 것을 꽤 좋아하던 학생이었다. 학교 다닐 때 1년에 한 번씩 취미와 특기를 적을 때 취미에는 음악 감상, 특기에는 독서를 적었다. 책을 꽤 빨리 읽기도 했고, 나름 중심 내용을 잘 파악해서 책을 잘 읽는다는 소리도 제법 들었다. 잘하는 것을 하고 칭찬받고 사는 인생은 참 행복하다. 그래서 책을 읽고 살아가는 것이 꿈이 되었다. 나 혼자 지내는 방을 하나 가지고 그 방 사면에는 책장을 천장까지 놓는다. 거기에 책을 가득 꽂고 나는 방바닥에서 편한 자세로 내가 읽고 싶은 책을 하루 종일 읽고 싶었다. 물론 꿈일 뿐이다. 다시 현실을 보면 도저히 그럴 수 없다는 것을 절절히 깨달았다. 돈이 있어야 하는데, 우리 집은 재벌이 아니다. 책 읽고 놀면서 먹고 살 정도로 집에는 돈이 없다는 걸 일찍 알았다. 돈을 벌어야 했다. 즉, 돈을 벌어야 이룰 수 있는 꿈이면서, 돈을 벌면 절대 이룰 수 없는 꿈이었다.

어릴 때부터 현실 감각은 나름 괜찮았다. 꿈과 현실의 절충점을 찾고 싶었다. 어떤 일을 해야 안정적으로 돈을 벌면서, 책을 마음껏 읽으며 살 수 있을까? '대학교수'라는 직업을 어느 순간 알게 되었다. 그 직업을 가진 사람은 자기만의 서재를 가지고 책장에는 두꺼운 책이 가득 차 있었다. 어른들은 그 직업을 책 읽고 공부 많이 해야 하는 직업이라고 했다. 그때 내 장래 희망은 대학교수가 되었다. 여담이지만 어머니는 아직도 당신들 때문에 내가 대학교수 공부를 안 했다고 생각하신다. 어릴 때 조그마한 어린아이 입에서 나온 장래 희망이 꽤 강렬하셨나 보다.

 대학교수라는 꿈이 얼마나 허황된 꿈인지 깨닫는 데는 그렇게 오래 걸리지 않았다. 엄청 오래 공부해야 얻을 수 있는 직업이라는 것은 결국 그만큼 집에서 돈을 지원해 줘야 하는 것인데, 우리 집은 그럴 돈이 없었다. 다시 현실과 타협점을 찾기 시작했다. 그러면서 초등학교 3학년이 되었다. 그때 담임선생님은 60대 노신사셨는데, 구체적인 기억은 없지만 학생 한 명 한 명에게 굉장히 정성을 쏟으셨다는 인상이 있다. 왜냐하면 방학 때마다 학생들에게 당신께서 쓰신 시를 선물해 주셨기 때문이다. 한동안 우리 집에서는 표구해서 벽에 걸어놓을 정도로 좋은 말이 많았다. 저렇게 좋은 사람이 하는 직업이라면 좋은 직업이라고 생각했다. 대학교수처럼 다른 사람을 가르쳐야 하는데 그걸 싫어하지도 않았다. 결정적으로 안정적인 월급을 받을 수 있으면서 책과 가까운 직업이었다. 그래서 장래 희망이 '교사'로 바뀌었다.

 '교사'가 되고 싶었다. 학창 시절 내내 교대 또는 사범대 진학을 목표로 하고 있었고, 대학교 입학 원서를 쓸 때도 일반학과 진학 후 교직 이수를 하거나, 대학교를 안정 지원하라는 조언을 듣지 않고 소신 지원했다. 다 떨어져서 재수를 했지만 버텼다. 결국 원하는 대학은 아니었지만 한 사립대학 사범대에 입학할 수 있었고, 20대 중반까지 장래 희망을 이어나갈 수 있었다.

음수 곱하기 음수는 양수?

 인생 목표가 뚜렷했고, 장래 희망도 나름 현실과 타협해서 구체적으로 가지니까 그것들을 이루기 위한 방법이 간단하게 결정되었다. 10대의 내가 할 수 있는 것은 공부, 오직 공부뿐이었다. 사춘기를 모나지 않게 보냈다. 크게 방황하지도 않았고, 반항하지도 않았다. 그럴 수밖에. 10대의 반항과 방황은 자신이 누구이고, 어떻게 살아가야 하는지 답을 알기 위한 몸부림 속에 나오는데, 어떻게 살아야 하는지 이미 답이 나왔기 때문에 반항과 방황을 할 필요가 없었다.

 부모님도 자신 앞에 주어진 현실의 무게를 이겨내기 위해 피나는 노력을 하셨다. 허리띠 졸라매고, 먹고 싶은 것, 입고 싶은 것, 자식에게 더 해주고 싶은 마음 등을 억지로 외면하며 오직 경제적 자유를 얻기 위해 앞만 보고 달려가셨다. 그리고 그것을 옆에서 오랫동안 지켜보면서 나도 현실적인 집안 사정을 극복하기 위해 공부에 매달렸다. 어릴 때부터 특별히 잘하는 것이 없다는 것을 알고 있었다. 운동 신경이 뛰어난 것도 아니고, 음악, 미술 분야의 재능이 있는 것도 아니었다. 잘생기지도 않았고, 키가 크지도 않았다. 그렇다고 머리가 엄청 좋지도 않았다. 다방면에 재능이 부족하다는 것을 알고 나니 답은 명확했다. 노력만으로 경제적 성공을 이룰 수 있는 방법은 공부뿐이었다.

나름 공부 결과도 괜찮았다. 대학교 졸업할 때까지 전교 순위권을 잘 놓치지 않았다. 그렇지만 인생을 치열하게 살아온 부모님, 그중에서도 아버지는 만족을 잘 모르는 분이셨다. 만족을 잘 모르시다 보니 칭찬에 인색하셨다. 받아쓰기 100점을 맞아도 "잘했다.", "열심히 했네."가 아닌 "다음에도 100점 맞아야 한다."는 말씀을 하시던 분이셨다. 시험을 쳤는데 한 개 틀렸다면 높은 점수를 받은 것에 대한 칭찬이 아닌, "다음에는 100점 받도록 노력해야지."라는 말씀을 하셨다.

특별히 잘하는 것이 없는 사람이 열심히 한 것을 제대로 칭찬받지 못하니까 인정 욕구가 강해졌다. 처음에는 부모님께 인정받고 싶었다. 받아쓰기 100점을 받으면 칭찬을 받고 싶었고, 평균 90점이 넘으면 잘했다는 이야기를 듣고 싶었다. 그렇지만 지금까지 남아 있는 기억에 아버지는 만족을 모르시는 분이셨다. 아마 당신께서도 아등바등 치열하게 살아서 한 가정을 일구었기 때문에, 그렇게 잘살아 보겠다는 강한 마음가짐이 있었기 때문이다. 말 그대로 맨몸으로 시작해 자기 집을 소유하는 사람이 될 수 있었겠지만, 어린 나는 꽤 이해하기 어려웠다. 지금 돌이켜 보면 아버지의 칭찬이 몹시 받고 싶은 아이였을지도 모르겠다.

 칭찬이 듣고 싶었고, 잘하는 게 없어서 시작한 공부를 오래 하다 보니 타인에 대한 열등감도 생겼다. '나는 공부밖에 할 줄 아는 게 없어. 그런데 이 사람은 이걸 잘하고, 저 사람은 저걸 잘하네? 뭐야, 그 사람은 공부도 잘해?' 이런 식의 생각이 사춘기 시절에 머리에 가득 찼다. 다른 사람보다 내가 부족하거나 못난 부분만 부각되어 보였고, 다른 사람보다 내가 나은 부분이 분명히 있는데 왜 나는 이렇게 부족하게 살아야 하는지 못나디못난 생각이 들었다. 세상이 삐딱하게 보였다. 스스로 다른 사람과 비교해서 스스로를

124　　　　　　　　　　　　　　　　　　　　　전지적 아이

깎아내리고 있었다.

 이런 인정 욕구와 열등감은 지금의 나를 있게 해 준 원동력이었다. 부정적이라고 생각한 마음가짐이 모여서 엄청난 시너지를 냈다. '다른 사람에게 인정받고 싶다. 인정을 받으려면 다른 사람보다 나은 점이 있어야 한다. 나는 다른 사람보다 나은 점이 없다. 그래서 다른 사람에게 인정을 받기 위해서 잘하는 분야를 찾아서 정말 잘해야 한다.' 이런 생각이 내 인생의 중심축이 되었다.

불안은 영혼을 잠식한다

 책임감과 인정 욕구, 열등감은 오늘의 내 모습을 만들었다. 안정적인 직장을 얻고, 밥 먹고 살 수 있게 된 것도 다른 사람은 좋지 않다고 생각한 감정과 생각 덕분이었다. 내가 잘 살기 위해서는 어떻게 행동해야 하는지를 잘 알게 되었다. 다른 사람과 나를 스스로 비교하여 내가 나아질 수 있는 부분을 찾았다. 찾은 분야가 공부였고, 나름 공부로 노력해서 실제로 성과도 꽤 있었다. 책임감, 인정 욕구, 열등감 덕분에 인생의 목표도 어느 정도 이루었고, 현실적인 장래 희망도 달성했다. 이제 허리 좀 펴고 주변 경치를 보니 의문이 들기 시작했다. 잘 살아온 것 맞나?

 치열하게 목표를 달성하고 여유로운 시간이 생기니까 불안해졌다. 끊임없이 스스로를 다른 사람과 비교해서 알량한 자존심 하나로 어떻게든 더 나아지겠다고 발버둥 치면서 스스로 닳아가는 삶을 살던 사람에게 이런 여유는 불안하다.

뭔가 내가 하지 않은 것이 있기 때문에 시간이 뜬다고 생각했다. 그래서 하지 않은 것을 살피고, 새로운 일을 시작하려 한다. 주변에 쓰임 있는 사람이 되고 싶다는 욕망이 강해서 조금이라도 내가 필요한 일이 있다면 최대한 많은 것을 해내려고 노력한다. 그사이 노래를 부르고 책을 읽으며 약간의 여유 시간을 보낸다. 그래도 내가 하고 싶은 '일'을 하는 걸 우선한다.

 다른 사람에게 인정받지 못하면 어떻게 하냐는 불안과, 여유 시간을 이제는 나를 위해 써야 하는데 어떻게 써야 할지 모르겠다는 불안 때문에 시간을 함부로 쓰지 못하게 하고 있다. 직장 안팎으로 전문성을 기르기 위해 열심히 살고 있고, 여유 시간의 불안을 달래기 위해 매달 두세 개의 독서 모임, 두 개 이상의 글쓰기 모임, 보컬 학원, 블로그에 글쓰기 등 여러 활동을 하고 있다. 당연히 24시간이 모자란다. 그 와중에 나이가 들면서 운동을 해야 한다는 생각이 들어 이제는 운동할 곳도 알아보고 있다.

 불안함에 해야 할 일과 하고 싶은 일이 엄청나게 많아지는데 시간과 체력이 점점 부족해지는 것을 느낀다. 다시 가만히 서서 생각할 시간을 가진다. 불안, 책임감, 인정 욕구, 열등감. 지금까지 나를 있게 해준 고마운 마음들이지만, 지금의 나에게 필요한 것은 이런 마음이 주는 에너지일까? 아니면 다른 마음을 통해 앞으로 살아갈 방법을 찾아야 할까? 마치 중진국의 함정에 빠진 나라가 된 느낌이다.

2도 비틀어진 키를 바라보며

 내가 살아온 모습이나 그 속에 담긴 내 생각과 감정, 마음에 의문이 든다. '꼭 이렇게까지 극단적으로 생각해야 해?' 스스로 이런 생각을 하게 되었다는 것은, 앞으로의 삶은 다른 생각과 마음, 방식으로 살아야 한다는 신호다. 배에 키가 2도 정도 살짝 비틀어져도 항로를 엄청 이탈하게 된다. 내 삶은 큰 궤적으로 봐도 다른 사람들과는 다른 항로를 그렸다. 그만큼 스스로 치열하게 살았고, 결핍 속에서 꿋꿋하게 살았으며, 다른 사람들과는 다른 사고방식을 가질 수 있었다. 분명 좋은 일이다.

 하지만 처음부터 비틀어지지 않고 배가 똑바로 갔으면 어땠을지 아쉬움은 분명히 든다. 지나친 열등감에 사로잡혀 주변 사람들을 잘 살펴보지 못했고, 10대 때 추억이 그다지 많지 않다. 물론 중간중간 사람들과 잘 지냈던 기억은 있지만, 대부분의 기억에서 '나'는 혼자 무언가를 하는 경우가 많았다. 동년배의 다른 친구들과 어울려 지내던 기억은 많이 없다. 치열하게 살았고, 현재의 모습을 가지게 된 것은 무척 좋다. 그렇지만 항상 인간은 자신이 가지 못한 길을 더 아름답게 보는 경향이 있다. 나도 그 정도의 아쉬움이 드는 것은 인간이기 때문에 어쩔 수 없을지도 모르겠다.

 돌아가기에는 멀리 왔다. 그래도, 지금이라도, 이 위치에서라도 조금은 마음의 여유를 가진 삶을 살고 싶다. 삶의 원동력으로 책임감, 인정 욕구, 열등감, 불안이 아닌 다른 마음으로 살고 싶다. 그렇다고 어느 날 아침에 일어나자마자 "나는 긍정적이고 밝게 살 거야."를 외치며 여유롭고 자존감이 높은 사람이 바로 되지 않는 것을 잘 안다. 그래도 이제는 주변 젊은 사람들이 '저 사람은 여유가 있어 보인다.', '내가 힘든 부분을 이야기하면 위로해 주고 해결책을 잘 제시해 줄 것 같다.'는 느낌을 가진 사람이 되고 싶다. 지금처럼 아등바등 있는 시간, 없는 시간 쪼개면서 바쁘다 바빠 현대 사회를 외치지 않고, 신선놀음하는 사람으로 보이지만, 속은 꽉 차서 다른 사람에게 좋은 기운을 뿜는 사람이 되고 싶다. 지금 가지고 있는 이 꿈이 살짝 비틀어진 키를 바로 잡아줘서 내가 괜찮은 사람으로 살 수 있게 만들어주었으면 좋겠다.

내일을 만나러 가는 오늘의 나

글_썽
품속의 두 아이가 바람벽으로 서있는 지금. 안녕했을, 안녕한, 안녕할 마음의 말을 읽다.

하늘이 어둑해지면 하루를 톺아본다. 하루를 무엇으로 채웠는지, 나답게 내 기쁨으로, 나만의 에너지로 보냈는지 알고 싶기 때문이다. 두 발이 땅을 딛는 찰나부터 숨 가쁘게 뛰어온 세월이 인생 절반의 고개를 너울거리며 넘는다. 썩은 콩을 고르듯이, 생의 마지막을 정리하듯, 숨겨왔던 출생의 비밀처럼 나를 찾는 시간을 보낸다.

 인생의 보물이 된 순간은 한여름 뙤약볕에서 아버지께서 놀아주시던 바로 그날이다. 놀이동산이 없던 그때, 사 남매는 차가운 냉기를 놓칠세라 청마루에 엎드려 놀았다. 아버지는 우리를 부르신 후 수돗물을 틀어 뜨겁게 달아오른 마당을 적셨다. 그리고 호스의 끝을 눌러 물을 하늘로 뿌리셨다. 빛나는 햇살 아래로 흩뿌려지는 물방울을 팔짝팔짝 토끼뜀을 하면서 온몸으로 맞았다. 사랑으로 몸을 적시며 신나게 놀았다. 그날은 흑백영화의 필름을 슬로우 모션으로 보는 설렘과 그리움의 원천이다. 아이들의 웃음소리를 들으면 반드시 재생되는 장면. 기억은 삶과 삶 사이의 마디를 굵고 건강하게 만들어주는 연결고리가 된다.

 행복했던 기억만이 내 삶을 이루는 것은 아니

다. 힘들고 괴로운 일이 있을 때 편하게 속내를 보이지 못하는 성격이 된 것도 잊히지 않는 마음 아픈 날이 있기 때문이다. 6학년이던 12살 때, 가족과 헤어져 혼자 도시로 유학을 왔다. 전학은 꿈도 꾸지 않은 채 하교를 했던 나는 집 마당에 펼쳐져 있는 것이 전부 내 이삿짐임을 확인하고 절망했다. 형제들과 함께도 아닌, 나 혼자만 떠나야 하는 상황이 가족에게서 버림을 받는 것 같았다. 슬픔을 부모님께 들킬까 봐 눈물도 참았다. 내가 착해지면 같이 살 수 있는 날이 빨리 올 거라는 생각뿐이었다. 혼자 외로움을 이겨내기 위해서는 마음을 잘 잡아야 했다. 슬픔이 목안을 타고 넘치려고 할 때마다 부모님께, 친구들에게 편지를 썼다. 답장을 읽으면 혼자라는 생각이 사라졌다. 2년 후 가족과 함께 살게 되었지만 외로웠던 기억은 쉽게 떠나지 않았다. 힘을 잃었다가도 다시 일어나게 만드는 힘의 근원은 글이었다. 시간이 흘러 결혼을 한 후에도 다시 가족을 떠나 타지에서의 외로움을 이겨내는 것도 일기였고, 남편이 해외 근무하는 동안 편지와 육아일기는 나침반이었다. 어린 시절부터 부모님의 둥그런 등을 지켜봤다. 모든 부모님들이 다 그러할 거라고 믿을 정도로 부모님은 책과 글을 가까이하셨다. 신문의 모든 면을 다 읽으셨고, 언제나 공책에 뭔가를 쓰셨다. 아흔을 바라보는 지금도 두 분은 신문을 나눠 읽으시고 책을 돌려 보신다. 책과 글을 사랑하게 된 것은 부모님의 모습이 한없이 좋았기 때문이다.

좋은 사람들 곁에 있으면 "내가 이런 과분한 사랑을 받아도 되는 사람인가?"라는 생각이 가끔 든다. 나는 어떤 사람인지 궁금하고, 나다운 순간을 알고 싶다. 대부분의 지인들에게 "너답다"라는 말을 들으면 쑥스러움과 함께 뿌듯해진다. "어떤 점이 나다웠을까?"라는 질문도 자신에게 던진다. 누군가에게 '나답다'라는 것은 그 사람이 바라는 것을 내가 해준 것도 있을 것이다. "나답게 해주는 것으로 무엇이 있을까?" 온라인에서 알게 된 사람들은 내가 어떤 사람인지 궁금해하곤 한다. 그들은 기대 혹은 상상을 하는 나와 실재의 내가 얼마나 일치하는지 알고 싶어 한다. 그 이유가 좋다. 내가 어디 사는지, 내 아이들은 무엇을 하는지, 남편의 직업은 무엇인지, 어느 지역 사람인지 등 호구조사가 아니다. 오로지 나라는 사람에게 집중해서 호기심을 가져준다. 그 순간이 진짜 내가 된다. 아무런 배경이 없는 내가 존재하는 것은 나에게도 신비로운 순간이다. 그래서 생각한다. "그동안 안녕하신가요? 나님!" 혹은 "마음속에 가장 많이 품고 있는 것은 무엇인가? 나님!"이라고 묻는다. 빙산의 일각처럼 깊은 내면에 감춰진 나는 어떤 사람으로 살고 싶어 하는지, 어떤 사람으로 살아가고 있는지 궁금하다.

초등학교 3학년이던 둘째 아들이 장래 희망 쓰기를 하다가 갑자기 물었다. "엄마는 내가 어떤 사람이면 좋겠어?" 엄마가 원하는 장래 희망으로 맞춰 적으려는 줄 알았다. "네가 되고 싶은 사람이 돼. 장래 희망은 적었어?" 아들이 내게 또다시 물었다. "엄마는 장래 희망이 뭐야?" 마흔에 가까운 엄마에게 어울리지 않는 질문이라고 생각했다. 좋은 엄마가 되는 것이었는데 너희의 엄마가 되었으니 이제 장래 희망은 없다고 말했다. 아들은 펄쩍 뛰었다. "금방 죽을 것도 아니고 아직 시간이 많은데 왜 장래 희망이 없어?"라고 말했다. 선지자가 아들의 몸을 빌어서 내게 묻는 것처럼 충격적이었다. 얼마나 오래 살지는 알 수 없지만 마냥 아이들의 엄마로만 살 수는 없는 것이었다. '뭐라도 삶의 목표물이 있어야 하지 않나? 왜 진즉에 생각하지 못했을까?' 부끄러웠다. 순간의 창피함을 덮으려고 '좋은 할머니'가 되는 것이라고 대답을 해버렸다. 아들은 "좋은 할머니가 되기 위해서 뭘 할 거야?"라고 되물었다. "글쎄다…." 한참을 생각했다. 아들은 아직 할머니가 되려면 멀었으니까 뭘 할지 고민하라고 했다. 훌쩍 큰 아들은 지금 자신이 한 질문을 잊었지만 내 가슴속에는 돌에 새겨진 글귀처럼 좀처럼 닳지도 사라지지도 않은 채 남아 있는 질문이었다.

친정아버지는 수십 년째 하루도 빼지 않고 일기를 쓰신다. 나도 매일 일기를 쓴다. 두 아들의 육아일기를 썼고 지금도 하루일과 리스트, 한바닥씩 손 글씨로 쓰는 일기, 블로그에는 매일 일상 에세이를 올린다. 여행을 가서도, 명절이어도 반드시 쓴다. 느리지만 손 글씨로 비뚤배뚤 쓰다 보면 격한 감정도 순해지고 속내를 솔직히 적게 된다. 너무 속상한 날은 가능한 가볍게 쓴다. 깊어지면 속상한 마음이 눈덩이처럼 불어나기 때문이다. 좋은 날은 예쁜 스티커를 덕지덕지 붙여 행복을 크게 느끼도록 에너지를 보탠다. 하루를 종이에 착륙시킬 때는 무거운 후회는 쓰지 않는다. 가라앉게 되면 내일 아침 새로운 날을 맞을 때 이륙하기 힘들다. 여타의 글쓰기를 못 할 상황이어도 최소한 일기는 매일 쓴다. 백지를 만나는 순간은 설렘과 두려움이 교차하는 그래프가 된다. 어떤 시선으로 그래프에 점을 찍는지에 따라서 꼭짓점이 아래로, 위로 위치하면서 시간과 감정의 흐름을 보여준다. 아들과의 대화도 일기를 통해서 많이 했다. 초등학교 6년 동안 꼬박꼬박 쓴 아들의 일기장에 엄마의 멘트를 적는 일은 관계의 성장이기도 하면서 인간의 성장기를 지켜보는 기쁨이었다. 진심으로 읽지 않으면 진심 어린 말을 쓸 수 없다는 것을 배운 기회이기도 했다.

성숙한 노년의 삶을 위해, 사고의 유연성과 세대 간의 다양한 소통을 위해 책을 읽고 정신을 채우는 노력을 하며 힘이 닿는 한 독서와 글쓰기를 멈추지 않겠다는 결심을 한 지 17년이 되었다. 독자가 된 지는 수십 년이지만 독서와 글쓰기를 내 삶의 등불로 삼겠다는 결심은 결혼생활 33년 중에서 절반이 넘는 햇수가 훌쩍 지났다. 지금까지 내가 선택했거나 타의에 의해 주어진 환경 안에서 최선을 다해 살았다면 책과 글을 선택한 이후의 삶은 과거의 나와 현재의 내가 만나서 멋진 삶을 살아갈 미래의 나를 만들어주는 과정이라고 생각한다. 그 과정의 하나로 글을 원했고 글을 쓰고 있다. 우리는 하루에 6만~7만 가지의 생각을 한다고 한다. 수많은 생각들이 나타나고 스러지는 동안 인생이 결정될 것이다. 생각만 하거나, 생각조차 거부하거나, 생각을 꿈으로만 줄을 세우거나, 혹은 생각을 현실로 바꾸거나. 꿈을 꾸는 이유는 펄떡이며 살아있음을 깨닫고 싶기 때문이다. 머나먼 미래의 꿈을 이루기 위해서는 지금 살아있음을 절실히 품어야 가능하다. 지금 할 수 있는 일만을 꺼낸다. 예를 들면 '하나의 글을 쓰기' 같은 일.

글은 쓸수록 마법의 가루를 거침없이 뿌려준다. 쓰면 쓸수록 더 쓰고 싶은 마음이 용천수처럼 솟아 나온다. 하지만 글을 써 보면 바닥이 보이곤 한다. 모자란 어휘력으로 표현의 한계를 느낄 때도 있고, 글감을 찾지 못해 허탕을 치기도 한다. 그 이유는 읽고 쓰기는 하지만 새로운 것을 만들어내는 창의력이 부족한 때문이다. 천재라도 빈 공간에서는 창의력을 절대로 만들어 낼 수 없을 것이다. 충분한 in-put이 없다면 하나의 out-put도 나오지 않는 것이 바로 창작활동이다. 오늘은 이랬다저랬다 식의 일기나 기록 혹은 메모는 글쓰기라고 말하기 어렵다. 일기를 쓰다 보니 글을 더 잘 쓰고 싶다는 욕심이 조금씩 일었다. 글은 나만의 생각을 전하는 도구이다. 글은 누구나 쓰지만 나만의 해석을 남기는 것이다. 글은 누구나 상상하지만 내 힘으로 세상을 꾸미는 일이다. 글은 타인의 힘으로 쓸 수 없는 나의 세상이다. 그래서 일단은 읽기로 했다. 무엇이든 다른 작가들의 정신세계가 녹아든 글을 무조건 읽었다. 동화책을 통해서는 아이들을 바라보는 시선을 배웠다. 어린이라고 해서 단순하게 권선징악으로 끝나는 교훈적인 책을 읽는 것이 아니다. 둘째 아들은 흥부놀부전을 읽은 여섯 살 때 내게 말했다. "이 책에서 가장 나쁜 사람은 부모님이야. 놀부한테 착하게 살라고 가르쳐주지 않고 돌아가셨잖아." 한 번도 그런 식으로 생각해 본 적이 없던 나는 생각을 바꿨다. 책을 읽고 난 뒤에는 반드시 내 것으로 만드는 사색과 성찰의 시간을 가지려고 애썼다. <세상의 중심에서 사랑을 외치다>라는 책을 읽고 사랑을 바라보는 시선과 죽음에 대한 자세를 생각했다. 살아있다는 것은 곧 사람들의 모든 인생을 다 바라보는 것이고 책을 읽는다는 것은 각자의 인생을 살아가는 사람들을 만나는 숭고한 시간이었다. 글쓰기와 더불어 책 읽기를 사랑하는 사람이 되고 있었다. 책과 글은 숟가락과 젓가락과 같은 사이다. 숟가락으로 먹는 음식과 젓가락으로 먹는 음식으로 식탁을 차리듯이 글을 쓰려면 반드시 책도 읽어야 했다. 책을 읽기 위해 글을 쓸 필요는 없다는 것이 꽤나 신기한 일이지만 책을 앞세운 글쓰기가 되는 사람으로 변하는 내가 되고 있었다.

 좋은 할머니가 되겠다고 아들 앞에서 말을 한 이후의 시간을 되짚어보면 진짜 나의 희망 사항이 되고 있었다. 좋은 할머니는 어떤 모습일까? 옛 동화의 화롯가 할머니처럼 손주들과 이야기를 도란도란 나누고 싶다. 손주들을 앉혀놓고 그림책이며, 동화책을 두 아들에게 읽어줬듯이 들려주고 싶다. 손주들에게 할머니의 삶이 부끄럽지 않고 자랑이 되고 싶다. 손주들이 힘들 때마다 속내를 털어놓는 편안하고 개방적인 할머니가 되고 싶다. 손주들에게 내가 가장 잘하는 뭔가를 남기고 싶다. 이렇게 나의 바람과 소망들이 하나씩 자리를 차지할 때마다 나는 뭔가를 해야 했다. 사실은 뭔가를 하고 있었다는 것을 몰랐다. 삶의 한고비를 넘겨 속된 말로 인생 2막을 지내고 있는 지금. 나는 누구인가, 나다운 것은 무엇인가를 되돌아보니 비로소 보였다. 나는 좋은 할머니의 길로 이미 걸어가고 있었던 것이다. 그런 의미에서 글을 읽고 쓸 수 있다는 것이 가장 마음에 드는 나의 능력이다.

 글은 오랜 사색과 삶을 녹여낸 결과물이고, 독자가 된다는 것은 작가의 농축된 생각을 내게로 끌어오는 마중물이 된다. 그것을 받아 나만의 생각으로 다른 사람의 세상을 열어주는 마중물로 쓸 수 있다면 최고의 기쁨일 것이다. 장르에 구애받지 않고 글을 써 타인의 마음의 문을 두드리는 황홀감을 갖게 될 것이다. 매일 스며 나오는 증류수 같은 생각을 매일 글로 쓰는 이유가 바로 이것 때문이다. 나와 나를 사랑하는 사람과 나를 모르는 그 누군가에게 영향을 주고, 언젠가는 좋은 할머니가 되어 책으로 만난 이야기와 글로 쓴 이야기들을 손주들에게 들려주는 사람이 될 수 있을 것 같다.
 올해는 특별한 버킷리스트를 만들었다. 내년이면 2024년 올해에게 이런 말을 전할 수 있을 거라고 믿는다. "안녕! 나야, 나. 어느새 2025년

이구나. 덧없이 세월이 흘렀다고 남들은 말하겠지만 넌 절대 아니야. 그 어느 해보다 너 자신을 사랑했다고 말할 수 있단다. 1월 1일이 되자마자 1월의 버킷리스트를 만들고 완성 단계에 이르러서 2월의 소망을 고민하고, 2월의 소망이 씨앗을 품고 열매를 맺기 시작하자 3월의 소망을 꿈꾸면서 잘 살아왔지. 아름다운 여정이었다고 자랑해도 돼. 12가지 소망은 365개가 넘는 매일의 기쁨을 만들어 줬잖아. 2024년을 보낸 너는 꽤 괜찮았고 앞으로도 그럴 거야. 반드시!"
나는 벌써 내 의지대로 열두 걸음 중에 두 걸음째를 잘 걸어가고 있다. 얼마나 기특한 나인지.

 하지만 항상 기특한 일만 있었던 것은 아니다. 실패가 확연하게 보이는 일에도 도전을 했었다. 스토리텔링을 배우고 나서 동화공모전에 도전하기로 결심을 했었다. 달리기를 이론으로 배운 사람이 단거리경주의 대표로 뽑히려 하는 무모함이었다. 우체국을 향하는 동안의 달뜬 감정과 당선자의 발표를 보는 감정이 같으리라는 상상은 부끄러운 오만이었다. 그럼에도 불구하고 부족한 글들이지만 자식들과 다름없어서 다듬고 쓰다듬는 행복을 지금까지도 즐기고 있다. 그 시간들이 오늘의 나를 만들어줬다고 해도 과언

이 아니다. 솎아질 것이 뻔한 씨앗이라도 글 쓰는 어른이 되도록 부지런히 심고 또 심었던 지난날 덕분에 지금의 내가 있다. 메달을 얻지 못했다고 마라톤에 의미가 없지는 않다. 완주라는 행복이 손에 남기 때문이다. 언젠가는 가슴속에 커다란 불꽃을 피워줄 잉걸불을 품고 살아가는 지금, 좋은 할머니가 되는 길 위에 서 있음이 확실하다. 세상 밖으로 나오지는 못했지만 언젠가는 손주들에게 "자, 할머니 이야기 들어볼래?" 하며 내가 쓴 글을 읽어줄 날이 오니까. 그날은 내가 바라는 좋은 할머니가 되는 날이기도 하다.

살아가면서 가장 행복한 일도 있지만 가장 두려운 일도 있다. 그것은 탄생의 대척점에 있는 죽음이 아니라, '지워진 삶'이라고 부르는 것이다. 망각 혹은 더 이상 없는 과거, 바로 '치매'다. 나를 관리하지 못해 건강을 망치는 것이 아니다. '어느 날 갑자기' 덤터기를 쓰듯이 다가오는 것이다. 나와 주변인들이 함께 피폐해지는 과정을 나만 모르는 상황이 눈을 깜빡이는 사이에 다가올까 두렵다. 준비할 수 없는 내가 되는 순간이다. 그날이 언제일지는 모르지만 내가 할 수 있는 가장 튼튼한 방편이 바로 끊임없는 사색과 성찰로 하루하루를 잘 보내는 것이다. 인생이 퍼즐을 맞추는 것이라면 언젠가는 치매로 인해 맞추던 수만 개의 퍼즐 조각을 다 뒤집어엎는 날을 가능한 늦추기 위해서라도 나는 책을 읽고 글을 쓴다. 내 글이 소중한 이유는 내가 나를 만나는 순간이자, 내가 나로서 존재하게 하는 유일한 힘을 가졌기 때문이다.

그런 순간들이 모여 오늘을 살아가

나에게 안녕을 건네다

작가의 말

작가의 말 • 글_씽

'지금이라도 할 수 있을까?' 불안과 두려움을 챙겨서 잃어버린 것을 찾으러 떠났다. 내 목소리와 욕망과 꿈을 언제부터인가, 어디에선가 놓쳤다. 빈손을 들고 앞만 보면서 나이 들 수는 없었다. 딸, 친구, 아내, 며느리, 엄마 그리고 주부. 그 어디에도 오롯이 내가 나인 것의 정체는 없었다. 이대로 '아무것'도 아닌 채로 나이 들기에는 나 자신이 안쓰러웠다. 목울대를 넘어와 소리내는 것의 정체를 알아야 했다. 그렇게 시작되었다. 나에게 귀를 기울이는 시간은 지루했고, 한편으로는 부끄러웠다. 한번 쏟아진 마음은 두 손으로 막아도 비집고 나오려 했다. 가슴 속 깊은 곳에서부터 흘러나오는 소리는 말이 되었다. 감당되지 않는 말들은 글로 옮겼다. 점점 불어나는 글은 어느새 나에게 날개를 달아주었다. 나는 돌탑이 아니라 글탑을 쌓고 싶다. 돌탑 앞에서 소원을 비는 것이 아니라 글탑 앞에서 소망 하나를 꿈꾸게 만들고 싶다. 누구나 와서 읽고 따스하게 마음을 채우는 글을 쓰고 싶다.

글_씽 Blog @inyhunymom

작가의 말 • 김경옥

 어쩐지 날 것의 무엇을 내놓는 느낌이다. 내가 보여줄 것이 이리도 빈약했나 싶어 몹시 조심스럽다. 하지만 이리저리 포장하지 않고 그냥 나의 모습 그대로가 좋다고 생각했다. 그것이 그대와 나의 소통의 시작일 거라고 믿는다. 사람의 냄새를 그리워하면서도 누군가와 쉬이 마음을 나누지 못한다. 대중 속에 드러나길 원하면서도 그게 두렵기도 하다. 두루두루 어울리기를 꿈꾸면서도 자발적 아웃사이더의 길을 가고 있는 듯하다.

 어릴 적 글 쓰는 걸 좋아하지 않았다. 할 말이 없었으나 할말이 없는 나에게도 글쓰기의 숙제는 공평하게 돌아왔고 그런 시간이 유쾌하지 않았음을 고백한다. 지금은 하고 싶은 말이 많아진 것인지 빈약한 생각들이라도 나누고 싶은 건지 잘 모르겠지만 쓰는 동안 행복했다. 내가 어떤 이와 나의 길을 걷고 있는지 확인 할 수 있는 시간이었으니까. 기꺼웠던 시간을 그대와 나누고 싶다.

김경옥 Instargram @announcer_ok

작가의 말 • 바이브온

 글이라고 하기에 내가 적은 것들은 너무 투박하고 촌스럽게 느껴졌다. 그럼에도 불구하고 나의 이면을 들여다보며 유일한 나를 마주할 순간들을 위해 부끄러움은 기꺼이 받아들이기로 했다. 하마터면 먼지 쌓인 일기장으로 남을 뻔한 단 하나뿐인 기록이 결국 좋은 타인들 덕분에 짙은 흔적으로 남게 되어 행복하다. 이 책을 만나는 시간이 우리의 일상에 행복한 순간이 되기를 진심으로 바란다.

작가의 말 • 새벽

  안부를 묻는다는 것은 잘 지냈냐는 물음 뿐이기도 하지만 때로는 위로가 되는 말이기도 하다. 어느 깊은 새벽, 누군가 나에게도 안부를 물어주었으면 하는 마음으로 불면을 견디고자 썼던 글이 다른 사람들에게 위로가 된다는 것을 깨달았을 땐 세상에서 사라지고 싶은 마음보다 살아가고 싶은 마음이 커졌다. 사람과 사랑, 낭만 없이 살 수 없고 남들이 보기에 청승 같아 보이는 모든 행위들을 사랑하며 그럴 때 터져 나오는 날 것의 감정들이 한없이 소중함을 알기에, 나 또한 지나왔고 누구에게나 감기처럼 찾아올 수 있는 우울과 그것을 묵묵히 견뎌내고 있는 사람들의 마음을 어루만져 주며 안부를 묻는 다정한 사람이 되고 싶다. 당신의 오늘이 있기에 우리의 내일도 있는 것이니 부디 안녕히 잘 지내시길, 나는 이곳에서 언제나 당신의 안녕을 바란다.

새벽 Instragram @inyourdawn

작가의 말 • 양현주

 소소한 일상을 글로 적고 있다. 시간이 흘러감에 따라 좋은 추억도 나쁜 기억도 머릿속에서 휘발되어 버리는 느낌이었다. 문득 다시 오지 않을 소중한 시간을 간직하고 싶어져 글쓰기를 시작했다. 기억의 되새김질 속에 추억은 알록달록 다채로운 색이 덧입혀졌고 누군가와 함께한 시간도 더 의미 있어졌다.

 일상의 기록을 모아 책을 한 권 내본다면 어떨까? 그 또한 삶의 즐거움이 될 것이라 생각했다. 그리고 나의 일상을 책으로 쓴다면 오늘을 살아가는 작은 행복을 담아내는 책이었으면 했다.
 이런 나의 일상이 담긴 책을 읽고 누군가는 공감하고, 또 누군가는 조금이나마 위로받는다면 더할 나위 없이 좋을 것 같다.

양현주 Blog @maroyang

작가의 말 • 오영주

 일과를 마치고 집으로 걸어가는 길, 걷다가 무심코 밤하늘을 올려다본다. 유독 별이 잘 보이는 오늘이었다. '밤하늘이 예쁘네'로 시작해서 즐겁고, 행복한, 그리고 슬프고, 아쉬웠던 순간들이 떠올랐다. 꼬리에 꼬리를 물고 그렇게 나의 옛날을, 그렇게 지금을 생각하며 발걸음이 느려졌다. 문득 튀어나오지만 시간이 지나면 잊혀서 아쉬울 순간 몇 가지를 적어보았다. 어제를 지나 오늘을 살고 있는 내가 잘 살기를 바라며.

작가의 말 • 이지니

 마음이 텅 빈 기분이 들 때가 있었다. 텅 빈 마음은 어떤 걸로도 채워지지 않았고 그런 나를 돌아볼 시간이 필요했다. 작년 봄, 처음으로 타인에게 보여주기 위한 글을 쓰기 시작했다. 어떤 이야기를 담아야 할지 막막했지만, 그동안 갖고 있던 말과 생각을 풀었다. 글을 쓰며 스스로 빈칸을 채울 수 있었고, 내 글로 다른 이의 마음 또한 조금이라도 채워지길 바랐다. 이제는 매일 글을 쓴다. 여전히 글을 쓰기 위해 의자에 앉으면 막막한 마음이다. 지도 없이 떠나는 여행처럼. 하지만 흰 종이 위에 무엇이든 한 단어만 적고 나면 특별한 여정이 시작된다. 내 안에 있는 목소리를 따라가며 그 흐름에 맡겨본다. 하루는 꼬마 시절의 내가, 또 하루는 꼬부랑 할머니가 된 내가 말을 건다. 그렇게 멈추지 않고 나아가는 작가가 되기 위해 나를 믿고 일단 써 내려간다. 오늘도 그렇게 글쟁이의 꿈을 꾼다.

작가의 말 • 전지적 아아

  쓰고 있다. 말하기 불안이 심해서 남들이 수다를 떠는 것처럼 글을 쓴다. 그러다 귀찮으면 한숨 자고 일어나서 또 쓰려고 한다. 개인주의자로 남기 위해 노력한다. 내 이야기는 그래서 내 이야기에서 끝내고 싶다. 누군가에게 영감을 주거나 깨달음을 주고 싶지 않다. 그저 똑같은 상황 속에서 다르게 생각할 수도 있는 사람이 평범하게 살아가고 있다는 점만 보여주고 싶다. 그렇게 내 이야기를 쓰다 보면 마음에 쌓인 여러 찌꺼기들이 사라진다. 이 정도면 만족한다. 그래도 다른 사람이 읽고 좋은 반응을 해주면, 공감해 주면, 이해해 주면 행복하다. 이런 양가 감정을 평생 느끼며 살아가고 있다. 이런 사람이 쓴 에세이도 재미있게 읽을 누군가를 항상 기다린다. 부르거나 찾지는 않는다.

전지적 아아 Blog @nonennom

작가의 말 • 황영자

 평소에 미술관이나 좋아하는 북카페 혹은 공연을 찾아다니며 나만의 행복 찾기 연습을 한다. 며칠 모은 에너지가 다 소진되기도 하지만 때론 새로운 에너지를 얻기도 하는 이 여행을 즐긴다. 그림을 감상하고 음악과 책이 있는 공간에서 보내는 시간은 내 안의 나를 만나는 시간이자 행복을 기록하는 시간이기도 하다. 행복은 멀리 있는 것이 아님을 배우고 있다. 기분 좋은 발걸음이 닿는 그곳에, 글을 쓰고 있는 지금 이곳에, 행복이 있다.

| 그런 순간들이 모여 오늘을 살아가
닫는 글

  고된 하루 끝, 가장 편안한 옷차림으로 내 방에 들어선다. 하루만큼 늘어난 삶의 무게를 어깨에 짊어지고 거울을 본다. 지금의 나를 채우고 하루를 안녕하게 만드는 것은 무엇일까. 내가 꿈꾸는 삶은 어떤 것일까.

  누구나 꿈꾸는 삶이 다르고, 각자의 환경에 따라 자신을 나아가게 하는 것도 다르다. '가족'과 '직업', 하고 싶은 '장래 희망'이나 '취미 생활' 혹은 '내가 사는 곳' 등 우리를 살아가게 하는 이유는 저마다 달랐다. 어제가 행복했다고 오늘이 행복한 것은 아니다. 오늘 행복하다고 내일 행복할 거라는 보장도 없다. 그저 살아온 순간들을 모아 오늘을 살아가고, 오늘의 사소한 웃음들이 모여 내일을 채울 뿐이다.

  그러니, 오늘 힘들었다고 내 삶이 힘들다고 말할 수 있을까? 힘들게만 살았다고 말해도, 조용히 곱씹어 보면, 내 모습은 절대 못나지 않았다.

이룬 것이 없다고 열심히 살지 않은 것이 절대 아니기 때문이다. 아니, 어쩌면 생각보다 꽤 괜찮은 나일 수도 있다. 누구보다 열심히 살고 있지 않은가.

  기록하고 기억하다 보니, 별거 없는 평범한 이야기들이 모여 오히려 큰 행복을 그릴 수 있다는 걸 알았다. 무엇이 되었든, 지금 내 삶이 안녕한 것 그것이면 충분한 게 아닌가. 이 책을 읽은 당신도 사소한 것들 사이에 작은 행복을 발견할 수 있길 바란다. 별거 아닌 일상들이 모여 오늘의 행복을 만들 듯, 행복한 순간들을 모아 인생을 살아가면 좋겠다. 그저 자신에게 안부를 건네며 매일 안녕하길 바란다.

글_쎵, 김경옥, 바이브온, 새벽, 양현주
오영주, 이지니, 전지적 아아, 황영자

그런 순간들이 모여 오늘을 살아가

1판 1쇄 발행 | 2024년 4월 1일

지은이 | 글_썽, 김경옥, 바이브온, 새벽, 양현주,
오영주, 이지니, 전지적 아아, 황영자

편집.디자인 | 새벽감성
발행인 | 김지선
펴낸 곳 | 새벽감성, 새벽감성1집

출판등록 | 2016년 12월 23일 제2016-000098호
주소 | 서울 양천구 월정로50길 16-8, 1층 새벽감성1집
이메일 | dawnsense@naver.com
블로그 | blog.naver.com/dawnsense
인스타그램 | @dawnsense_1.zip
전화 | 070-4300-1209

*책값은 표지에 있습니다.
*잘못된 책은 구입처에서 교환해 드립니다.
*이 책의 사진과 글의 전부 또는 일부를 발췌하거나 인용하려면
반드시 새벽감성 출판사의 동의를 얻어야 합니다.